Philipp/Rolff · Schulprogramme und Leitbilder entwickeln

Elmar Philipp / Hans-Günter Rolff

Schulprogramme und Leitbilder entwickeln

Beltz Verlag · Weinheim und Basel

Dr. *Elmar Philipp*, Diplompädagoge, freiberuflicher Trainer und Berater.

Prof. Dr. *Hans-Günter Rolff*, emeritierter Professor am Institut für Schulentwicklungsforschung der Universität Dortmund, Vorsitzender des Akademierates der Dortmunder Akademie für Pädagogische Führungskräfte und wissenschaftlicher Leiter des Fernstudiengangs Schulmanagement der Universität Kaiserslautern.

Neu ausgestattete Sonderausgabe 2006 des Titels
»Philipp/Rolff: Schulprogramme und Leitbilder entwickeln«
Beltz Verlag. ISBN 3-407-25285-4

Lektorat: Peter E. Kalb

www.beltz.de
Herstellung: Lore Amann
Satz: Druckhaus »Thomas Müntzer«, Bad Langensalza
Druck: Druck Partner Rübelmann, Hemsbach
Umschlaggestaltung: glas ag, Seeheim-Jugenheim
Printed in Germany

ISBN-13: 978-3-407-25426-9
ISBN-10: 3-407-25426-1

Inhaltsverzeichnis

Vorwort

In vielen Schulen werden von vielen Lehrpersonen viele Vorhaben und Projekte durchgeführt, von denen wenige etwas wissen, häufig nicht einmal die Kollegen aus der Parallelklasse. Man könnte meinen, die Idee der Schulprogramme sei erfunden worden, um hier etwas mehr Transparenz und Kohärenz zu schaffen, damit man voneinander weiß, die Aktivitäten abstimmen kann und dem Ganzen etwas mehr Richtung und Schubkraft verleiht.

Immer mehr Schulen überlegen sich deshalb, ein Schulprogramm, ein Schulprofil oder ein Schulleitbild zu entwickeln. Etliche entschließen sich aus eigenem Antrieb, andere versuchen, einen Auftrag des Gesetzgebers oder der Regierung zu erfüllen.

Auch wenn die Erstellung eines Leitbilds, Programms oder Profils verpflichtend ist, muss sich jede Schule individuell entscheiden, wann und wie sie es bewerkstelligen will. Deshalb ist diese bewusst knapp gehaltene Veröffentlichung für alle Schulen gedacht, selbst für solche, die ein Programm schon vorgelegt haben. Für diese stellt sich die Frage der Evaluation und der Fortschreibung, auf die wir pointiert eingehen. Im Übrigen haben wir (noch) kein begründetes Urteil darüber, was für die Schulentwicklung förderlicher ist: ein Schulprogramm auf freiwilliger Basis oder aufgrund von Verpflichtung.

Wir haben dieses Bändchen bewusst knapp gehalten, weil wir es als Arbeitshilfe verstehen und nicht als Streitschrift zum Pro und Contra von Schulprogrammen oder deren Stellenwert in der Bildungspolitik. Wir konzentrieren uns darauf, die einzelnen Schritte der Arbeit am Schulprogramm detailliert und beispielhaft zu beschreiben. Im Mittelpunkt steht die Bereitstellung von Werkzeugen, Arbeitshilfen und Instrumenten getreu dem Motto »Wer beim Fischen erfolgreich sein will, muss ein Netz mitbringen« – oder eine Angel; denn auf Methodenvielfalt legen wir Wert.

Wir haben bewusst darauf verzichtet, ein oder mehrere Muster-Schulprogramme abzudrucken. Muster sind heikel: Sie fordern entweder heraus zu (meist sklavischer) Nachahmung, die den Sinn der Schulprogrammarbeit im Kern verfehlt, oder provoziert zu Kritik und Ablehnung, die sich am Detail verhakt und die charakteristische Eigenart von Schulprogrammen verkennt, die das unverwechselbare Gesicht einer bestimmten Einzelschule ausdrückt. Wir greifen dennoch bei der Darstellung ständig auf Fälle und Beispiele zurück, präsentieren diese jedoch nicht als Ganze, sondern auszugsweise, um einzelne Schritte zu konkretisieren oder Methoden zu illustrieren.

Unser beider Erfahrung mit der Entwicklung von Schulprogrammen gehen auf das Jahr 1985 zurück, als Nordrhein-Westfalen als erstes Bundesland zur Schulprogrammerstellung aufrief. Wir haben seitdem zahlreiche Schulen in allen deutschsprachigen Ländern beraten und etliche schulübergreifende Trainingsseminare zur Schulprogrammentwicklung durchgeführt.

Die Quintessenz dieser Erfahrungen legen wir in dieser Schrift nieder. Wir verstehen sie nicht als Rezept und auch nicht als Lehrbuch, sondern als Ermunterung und Anregung für Schulen aller Formen, Arten und Standorte, die Schulentwicklung in die eigenen Hände zu nehmen und sich zur professionellen Organisation zu häuten, bei der nicht nur *in* der Schule, sondern ebenso *an* der Schule gearbeitet wird.

Die Karikaturen in dieser Schrift verdanken wir dem Gesamtschullehrer und Schulentwicklungsberater Dieter Surm aus Schleswig-Holstein. Wir hoffen, dass unsere Leserinnen und Leser genauso viel Gefallen daran finden wie wir.

Elmar Philipp, Lohmar — *Hans-Günter Rolff, Dortmund*

Vorwort zur 4. Auflage

Dieses Buch ist zum ersten Mal im Jahre 1998 erschienen. Seitdem sind fünf Jahre vergangen und ist vieles geschehen:

Schulprogramme sind vielerorts verpflichtend geworden: für alle Schulen in Nordrhein-Westfalen, Hamburg, Bremen (ohne Frist), Schleswig-Holstein und Hessen sowie für die Schulen etlicher Schweizer Kantone (wie Zürich und Luzern). Und sie werden in Österreich von einzelnen Landschulräten von den Schulen eingefordert, nachdem eine Bundesinitiative, Schulprogramme allgemein verpflichtend zu machen, erst einmal wieder auf Eis gelegt wurde. Schulprogramme stehen auch in den Ländern und Landesteilen, in denen es keine rechtliche Verpflichtung gibt, auf der Tagesordnung, z.T. sogar in intensiverer Form: In München beispielsweise kommen zu den einschlägigen Fortbildungsveranstaltungen jeweils mehr als die Hälfte aller Schulen auf freiwilliger Basis. In Hessen, Niedersachsen und anderswo gibt es seit geraumer Zeit Modellvorhaben und seit langem Pilotschulen, die Schulprogramme entwickeln. Schulprogramme gehören also inzwischen durchaus zum Schulalltag.

Das mag ein Grund zur Freude für alle SchulentwicklerInnen sein, die seit etwa 1990 für Schulprogramme eintreten, das ist aber auch ein Grund, eine erste Bilanz einzufordern: Was bedeuten Schulprogramme für LehrerInnen- und SchulleiterInnen-Arbeit, wieweit sind sie akzeptiert, was beinhalten sie und – als gewichtigste Frage – wieweit sind sie umgesetzt und was bewirken sie?

Wir können hierzu erste Antworten auf der Basis empirischer Forschungen und praktischer Erfahrungen geben:

In Hamburg und Nordrhein-Westfalen mussten die Schulprogramme aller Schulen bis zum 31.12.01 und in Schleswig-Holstein bis zu den Sommerferien 2002 abgegeben werden. Die Schulprogrammarbeit in Hamburg und NRW ist inzwischen empirisch untersucht worden. Die Hamburger Studie analysiert die Inhalte der Schulprogramme und widerlegt, was viele befürchtet haben, dass nämlich die Schulen voneinander oder aus Vorlagen abschreiben und ein Einheitsbrei dabei herauskommt. Die nordrhein-westfälische Studie konzentriert sich auf die Akzeptanz und die Wirkungseinschätzung bei Lehrpersonen (mit bescheidenem Resultat), die Prozesse der Programmarbeit und die Rolle der Schulaufsicht. Schulprogramme sind also von zahlreichen Schulen fertiggestellt und auch »abgeliefert« worden. Doch was nun? Forschung und Erfahrungen lassen erwarten, dass mit einem Durchführungsloch (»implementation dip«) zu rechnen ist und erst einmal nichts geschieht. Deshalb berichten wir in einem neuen Kapitel über Schulen, die dieses

Loch übersprungen haben oder herausgeklettert sind. Ansätze dafür sind z.B. Entwicklungsschwerpunkte, Bilanztage, Qualitätsmanagement und weitere Fortbildung. Dazu passen Methoden wie Projektmanagement und fokussierte Evaluation, aber auch andere, von denen die Schulen berichten.

Es ist Zeit, noch einmal auf die Terminologie und die Konzeption des Schulentwicklungsinstruments Schulprogramm einzugehen. Schulprogramme werden von Land zu Land unterschiedlich benannt, manchmal heißen sie auch Schulprofil oder auch Schulkonzept; es kursieren also verschiedene Bezeichnungen, die häufig gedankenlos synonym verwendet werden. Die sich dahinter verbergenden kleinen Unterschiede scheinen zwar auf den ersten Blick nicht relevant, bei genauem Hinschauen aber handelt es sich um Kernprobleme:

Während ein *Schulprofil* lediglich die realen Konturen pädagogischer Arbeitsformen zeichnet, also die tragenden Elemente der Schulkultur und das »Gesicht« der Schule darstellt, beinhaltet ein *Schulkonzept* demgegenüber die pädagogisch-konzeptionelle Darlegung und Begründung der einzelnen Gestaltungsansätze, Arbeitsformen und Organisationslösungen und deren Integration in ein Gesamtkonzept. Jede Schule hat ein mehr oder weniger deutliches Schulprofil, das sich auch dann herausbildet, wenn sich das Kollegium dessen nicht bewusst ist, und das möglicherweise ohne intendierte Ziele und planvoll entfaltete Konzepte zustande kommt. Schulkonzepte – wie wir sie z.B. aus der Reformpädagogik bei Petersen, Lietz oder – aktuell – von Hentig kennen – sind Ausdruck planvoller Schulgestaltung, basieren auf pädagogischen Reflexionen von Unterrichten und Erziehen, verbinden die Ausgangssituation der Schule mit Zielen und setzen diese wiederum in Beziehung zu den Gestaltungs- und Organisationsformen.

Ein *Schulprogramm* benötigt eben diese programmatisch-konzeptionellen Bestandteile (oder entwickelt sie noch), umfasst aber auch ein Arbeitsprogramm im Sinne einer pädagogisch intendierten und perspektivischen Entwicklungsplanung mit Zielen, Maßnahmen – und möglichst auch Vorstellungen zu Evaluation und Fortbildung. Mit dem Schulprogramm nimmt sich eine Schule etwas vor, nicht die gesamte Schulgestaltung, sondern Entwicklungsschwerpunkte für einen überschaubaren Zeitraum, ein Programm zur Umsetzung von Zielen und Maßnahmen. So wird das Konzept nicht schon als Endpunkt betrachtet, sondern die dynamische Weiterentwicklung von Konzeptbausteinen und deren Umsetzung in den Blick genommen.

Ein Schulprogramm erlangt in aller Regel erst durch die Schriftform die notwendige Konkretisierung, Transparenz und Verbindlichkeit für die Schulgemeinde und bringt die konsenshaften Ziele und Ansätze erkennbar zum Ausdruck, nach innen wie nach außen. Die Verschriftlichung allein belegt freilich noch nicht vollzogene Entwicklungen, kann mancherorts auch Entwicklungsstände vortäuschen und den Mythos einer bereits entwickelten Schulkultur nähren. Ein Schulprogramm, das nicht nur auf dem Papier existiert, sondern durch engagierte und kontinuierliche Arbeit im Kollegium umgesetzt wird, kann ein Indikator für die Existenz einer *lernenden und selbstreflexiven Organisation* sein, die durch hohe Problemlösefähigkeit und differenzierte Gestaltungskompetenz gekennzeichnet ist, überdies aber Ziele, Strukturen und Ansätze immer wieder auf Entwicklungserfordernisse überprüft. In aller Regel ist Schulprogrammarbeit in Schulen auf Dauer angelegt. Die Programmteile bleiben Zwischenresultate und entwickeln sich schrittweise, indem verschiedene Elemente des Programms nach und nach aufeinander aufbauen.

Das Schulprogramm hat vor allem folgende Aufgaben: pädagogische Grundorientierungen auszudrücken, eine konzeptionelle Arbeitsgrundlage für pädagogisches Handeln zu schaffen, Selbstvergewisserung über den Entwicklungsstand der Schule, zielbezogenen Gestaltungswillen mit Transparenz und Verbindlichkeit nach innen herzustellen, das pädagogische Profil der Schule nach außen, für Eltern und Öffentlichkeit darzulegen. Von zentraler Bedeutung ist, dass das Schulprogramm in erster Linie als Arbeits- und Entwicklungsinstrument für die einzelne Schule selbst eingesetzt wird. Dazu benötigt es unverzichtbarer Bestandteile wie Bestandsaufnahme über die Schulsituation, konzeptionelle Grundzüge über Gestaltungsansätze oder Schulorganisation, ein pädagogisches Leitbild sowie die Entwicklungsplanung mit Entwicklungsschwerpunkten, Maßnahmen, Evaluation und Fortbildungsplanung.

Ein Unterschied besteht auch zum Leitbild. Ein Leitbild drückt das gemeinsame pädagogische Grundverständnis der Schule in Kurzform aus. Es heißt deshalb im Englischen passend auch »mission statement«. Es soll bündig und einprägsam sein, damit es auch behalten wird und handlungsorientiert wirkt. Es wirkt allerdings nur dann handlungsorientierend, wenn die ganze Schulgemeinde an der Formulierung und Konsensbildung beteiligt wird. Es kann außerdem das Qualitätsmanagement anleiten, wenn es aus nicht mehr als 10 Sätzen besteht (und nicht weniger als dreien), die auch Erläuterungen enthalten können. Ein Leitbild entfacht allerdings nur dann hinreichende Wirkung, wenn die darin enthaltenen Zielsetzungen auch in Feinziele für Gestaltungsansätze und Maßnahmen übersetzt, konkretisiert und verbindlich weiter verfolgt werden. Beispiel: Eine Schule, die in ihrem Leitbild u.a. »demokratische Handlungsfähigkeit« als Lernziel verfolgt, kann nicht nur auf den Politikunterricht verweisen, sondern müsste im Schulleben z.B. Formen von Partizipation und Verantwortung für Schülerinnen und Schüler vorsehen. Wir verweisen auch deshalb auf die Besonderheiten des Leitbildes, weil sie – wie die ersten Untersuchungsergebnisse zeigen – in Schulprogrammen allzu häufig untergehen oder gar nicht erst vorgesehen sind. Aber ein Schulprogramm ohne Leitbild ist ein Tanz ohne Musik oder wie eine Reise ohne Ziel.

November 2003 *Elmar Philipp und Hans-Günter Rolff*

Teil I: Einführung

Leitbilder, Schulprogramme, Schulprofile: Begründungen und Begriffsklärungen

Welche Gründe kann eine Schule haben, mit der Schulprogrammarbeit zu beginnen? Begründet werden muss die Schulprogrammarbeit in jedem Fall: Wenn sie nicht verpflichtend ist, gibt es ohnehin ein Begründungs- bzw. Motivationsproblem; wenn sie angeordnet wird, ist eine Schule geneigt, sie als Pflichtübung zu nehmen, bei der keine authentische Schulprogrammentwicklung stattfindet, sondern lediglich ein belangloses Fassadenpapier produziert wird. Eine intensive Auseinandersetzung mit den Gründen für die Entwicklung schuleigener Programme könnte beides bewirken, den Entscheid eines Kollegiums wie das Ernstnehmen der Arbeit.

Es gibt eine ganze Reihe guter Gründe für die Erstellung eines Schulprogramms, wovon wir die wichtigsten nennen:

Anlass zum Aufbruch. Ein Schulprogramm könnte ein Anlass sein, aus Lethargie, Resignation oder sonstiger Frustration aufzubrechen und diesem Aufbruch eine Richtung zu geben, die alle wollen und kennen.

Standort in stürmischen Zeiten. Gesellschaft, Schulen und Schulpolitik sind im Umbruch. Den Lehrkräften fehlt es an Orientierungen, und die Öffentlichkeit ist in der Einschätzung der Qualität von Schulen verunsichert. Schulprogramme helfen den Standort zu klären, auch in Abgrenzung zu anderen Schulen, und sie dienen der strategischen Diskussion mit der Öffentlichkeit.

Anlass für pädagogischen Diskurs. Schulprogramme fordern das Kollegium und die ganze Schulgemeinde heraus, über Grundfragen der Pädagogik und des pädagogischen Selbstverständnisses zu reden.

Ort für Wertediskussion. In dem Maße, in dem eine Schule das pädagogische Selbstverständnis diskutiert, klärt sie auch ihre diesbezüglichen Werte. Das Schulprogramm ist auch als Wertevereinbarung zu verstehen. Es geht dabei auch um die Anerkennung von Verschiedenheit.

Rahmen für Vielfalt/gemeinsame Ausrichtung. Lehrpersonen sind Individualisten, was nicht nur legitim, sondern erforderlich ist, insofern sich pädagogisches Handeln extrem personenorientiert vollzieht als Beziehungsarbeit zwischen Erwachsenen und Heranwachsenden. Aber gerade personenbezogene individuelle Tätigkeit benötigt eine gemeinsame Ausrichtung als Rahmen für Vielfalt, wenn nicht der Zusammenhang zerfallen und damit der Sinn fürs Ganze verschwinden soll. Avenarius spricht in diesem Zusammenhang vom Schulprogramm als »Grundgesetz« einer Schule.

Synergie. Eine gemeinsame Ausrichtung und ein Rahmen lassen das entstehen, was man neuerdings Synergie nennt. Damit ist gemeint, aus zahlreichen Einzelaktivitäten mehr als die Summe der Teile zu machen und Reibungsverluste abzubauen. Die bündigste Definition von Synergie lautet: 2 + 2 = 5. Strittmatter spricht im Zusammenhang von Synergie von einer »Wunderblüte Kollegium«, die aufgeht, wenn man ein Klima der Zusammenarbeit schafft.

Ausdruck des Ethos, des professionellen Selbstverständnisses. In einem Schulprogramm kann die in Medien und Politik oft arg gescholtene Lehrerschaft einer Schule ausdrücken, welches Berufsverständnis sie hat. Ein Abschied von Bescheidenheit ist dabei ebenso angesagt wie arrogante Deklamationen.

Maßstab für Rechenschaft. Schulen werden immer häufiger zur Rechenschaft über ihre Arbeit und den damit verbundenen Finanzaufwand aufgefordert. Wenn sie nicht selber Kriterien entwickeln, an denen sich Rechenschaft plausibel ausweisen lässt, werden ihr außerpädagogische Kriterien aufgezwungen.

Folie für Prioritätenentscheidungen. Von Schulen wird immer mehr gleichzeitig verlangt, was leicht zu Überforderung und Überlastung führt. Mittels eines Schulprogramms kann geklärt werden, was wirklich nötig ist, also Priorität hat, und was nicht.

Außendarstellung. Eine bewusste und aktive Außendarstellung verbessert die Position einer Schule gegenüber dem Schulträger und der Schulaufsicht und bietet den Eltern eine Orientierung bei der Bewertung und Wahl einer Schule.

Entwicklung von Wir-Gefühl/Identifikation mit der Schule. Eine Schulgemeinde, die ein Schulprogramm gemeinsam erarbeitet hat, erlebt dabei ein nie zuvor gekanntes Wir-Gefühl. Das erhöht die Identifikation mit der Schule und vermag auch beim Lehrkörper dem Gefühl des Ausgebranntseins (»burn out«) entgegenzuwirken.

Am Ganzen der Schule arbeiten. Die neuere Schulforschung zeigt, dass die Qualität der Schule sich nicht nur am Unterricht misst, sondern ebenso am Schulleben sowie am Kommunikations- und Kooperationsklima, was wiederum Voraussetzung für guten Unterricht ist. Deshalb ist es nicht nur wichtig, in der Schule, sondern auch an der Schule zu arbeiten, wozu das Schulprogramm ein vorzüglicher Ansatz ist.

Schulbezogene Personalpolitik betreiben. Schulen, die ein Schulprogramm besitzen, können Personalanforderungen viel besser identifizieren und inhaltlich begründen als die übrigen Schulen. Das Schulprogramm kann als Folie für eine Ausschreibung dienen.

Beteiligung und gemeinsame Verantwortung. Durch die gemeinsame Arbeit am Schulprogramm erhalten alle Mitglieder der Schulgemeinde eine Gelegenheit, an der Schulentwicklung mitzuwirken und sie mitzuverantworten. Das bedeutet auch ein Schritt in Richtung Demokratisierung.

Schulprogrammentwicklung hat also Sinn in sich selbst – z.B. bei der Entwicklung von Wir-Gefühl –, sie wirkt aber auch als Einstieg in Schulentwicklung.

Zur Erstellung von Schulprogrammen gibt es allerdings auch gewichtige Gegenargumente wie:

- Aufbau von Illusionen
- Einführung von Konkurrenz und Markt
- Zunahme der Belastung
- Gleichmacherei
- Unverbindlichkeit.

Diese Argumente lassen sich allesamt entkräften, wenn man die Schulprogrammarbeit sinnvoll betreibt. Davon handeln die folgenden Kapitel. Doch zuvor müssen einige Begriffe geklärt werden.

Begriffe

Die bisherige Diskussion ist durch eine bemerkenswerte Unklarheit der Wortbedeutungen gekennzeichnet; die Begriffe purzeln geradezu durcheinander. Was die eine Sprecherin Schulprogramm nennt, ist für die andere Schulprofil oder Leitbild. Ein einheitlicher Sprachgebrauch hat sich noch nicht etabliert, obwohl die Begriffe immer häufiger in Gesetzen und Erlassen auftauchen. Auf eine systematische Klärung durch die Erziehungswissenschaft kann nicht zurückgegriffen werden, weil nur ein Begriff, nämlich der des Schulprogramms, aus der Pädagogik stammt, währenddessen die beiden anderen ihre Heimat in der Welt des Wirtschaftens haben.

Geschichtlicher Exkurs

Es lohnt sich, zunächst auf den pädagogischen Begriff des Schulprogramms einzugehen, zumal er missverständlich ist und fast hundert Jahre verschüttet war. In einem Beitrag für die »Neue Deutsche Schule« (H. 12/1997, S. 37) meint Ulrike Hof unter der Überschrift »Ein Wort stiftet Verwirrung«:

> *»Das Unbehagen, ein Schulprogramm erstellen zu müssen, hat fast alle Schulen des Landes ergriffen ... Der Hauptgrund scheint ... in dem Begriff ›Schulprogramm‹ zu liegen. Wir kennen Computerprogramme, die genau so laufen, wie es vom Hersteller gewollt ist (meistens jedenfalls). Ebenso gibt es Waschmaschinenprogramme, auf die man sich hoffentlich verlassen kann, wenn die Technik nicht einen Defekt hat.*

Theaterprogramme halten, was sie versprechen, in der Regel ebenso wie Fernsehprogramme. All diese Programme sind Angebote, können genutzt werden oder auch nicht.
Der programmierte Unterricht hatte vor einigen Jahren mal Hochkonjunktur, bis man merkte, dass Lehren und Lernen nicht so einfach zu programmieren ist. Er ist aus den Schulstuben verschwunden. Und nun wird dieser aus der Technik stammende Begriff als Begriff für das Kernstück der Schulentwicklung genommen!
Ist das Unbehagen nicht allein durch den Begriff vorprogrammiert?«

Ein tieferer Blick in die Begriffsgeschichte vermag das Unbehagen vielleicht zu lindern. Das Wort »Programm« fand am Anfang des 18. Jahrhunderts, vom Griechischen entlehnt, in unsere Sprache Eingang. Es bedeutet soviel wie »schriftliche Bekanntmachung, Aufruf«. Pro-graphein vom Griechischen »voranschreiben, öffentlich hinschreiben«. Programme sind schriftliche Darlegungen von Grundsätzen zur Verwirklichung eines festgelegten Zieles, sie haben hier inhaltliche Bedeutung, zeigen aber zugleich auch eine zeitliche Dimension auf, indem sie den vorgesehenen Ablauf festlegen (z.B. Sendungen, Aufführungen etc.). Um den Begriff »Programm« herum gruppieren sich auch die »Programmatik« (Zielsetzung) und »programmatisch« (einem Programm entsprechend, richtungsweisend).

Die frühesten Schulprogramme in Deutschland kündigten in lateinischer Sprache die Schulfeiern der Gelehrtenschulen an und luden zu denselben ein. Mit der Zeit wurden dann zu den einladenden Programmen auch Berichte über die Arbeit der Schule beigelegt. So wurden Schulnachrichten mit den Programmen verbunden und schließlich von den Behörden anerkannt und auch gefordert. Sie enthielten zu jener Zeit auch wissenschaftliche Abhandlungen zu diversen Fachgebieten.

Der Schulhistoriker Günter Böhm erläutert dazu (in der »Schulverwaltung NRW«, H. 11/1994, S. 272):

»Schulprogramme sind im 19. Jahrhundert die jährlich fälligen gedruckten Rechenschaftsberichte der Leiter der Gymnasien für die Schulbehörde. Die enthalten in der Regel drei Teile:

- *die Lehrverfassung (wir sagen heute: die Unterrichtsverteilung),*
- *Abhandlungen einzelner Lehrer,*
- *den Spiegel des Schullebens.*

Vereinzelt werden Schulprogramme ergänzt durch abgedruckte Reden des Schulleiters in programmatischer Absicht: zu Rang und Aufgabe gymnasialer Bildung, zum Verhältnis von Elternhaus und Schule, zum Lob des Herrschers oder um das Wohl der Anstalt verdienter Persönlichkeiten.
Die Abhandlungen der Lehrer sind teilweise mit erheblichem wissenschaftlichen Aufwand erarbeitete Beiträge aus ihrer universitären Disziplin, vielfach auch bezogen auf den heimatlichen Raum. Diese Artikel sind Nachweis der unvermindert weiter vorhandenen wissenschaftlichen Qualifikation der Lehrer und bezeugen die enge Beziehung des damaligen Gymnasiums zur Universität. Sie dienen auch zum

Ruhm der Schule und mehren ihr Ansehen als Stätte der wissenschaftlichen Grundbildung.
Klassenlisten, Ereignisse im Schulleben, Themen von Klassenarbeiten, zumindest aber von den Abiturklassen, Lektürelisten und vieles andere mehr spiegeln den geordneten Ablauf des Schullebens und gewähren den Eltern das regelmäßige Vergnügen, die einmal selber erfahrenen Inhalte als Lernstoff der Kinder wieder zu finden.«

Der Aufsatz von Böhm belegt überzeugend, dass Schulprogramme sich bereits vor über 120 Jahren mit den Fragen einer zeitgemäßen Erziehung beschäftigten. Sie hatten darüber hinaus und wohl auch in erster Linie darin ihren Sinn, dass sie gegenüber dem Schulträger und der staatlichen Schulaufsicht sowie gegenüber Eltern und ehemaligen Schülern und Lehrern das Gesicht der Schule in einem bestimmten Zeitraum dokumentieren. Nicht weniger bedeutsam ist vermutlich die Wirkung von Schulprogrammen nach innen gewesen. Sie tragen zur Identität der Schule bei und geben der Durchgangssituation Schule eine gewisse Dauer. Auch hatte die Vorstellung neu in die Schule eintretender Personen und der Nachruf auf Ausscheidende oder Verstorbene in Schulprogrammen einen hohen Stellenwert.

Allerdings ergab sich schon damals ein Problem, das uns wahrscheinlich wieder bevorsteht. Die damals so genannte Programmliteratur schwoll zu bedenklicher Höhe an. Es wurde von einem »Meer« an Schulprogrammen gesprochen, das unübersehbar geworden war. Im Staatsarchiv Münster allein liegen nach Angaben von Böhm über 40.000 gymnasiale Schulprogramme.

Ein wesentlicher Unterschied zwischen den Schulprogrammen einst und heute darf allerdings nicht übersehen werden: Die alten Schulprogramme »feiern«, was in einem Gymnasium im vorangegangenen Jahr geschah; die neuen Schulprogramme bewerten den Bestand der Schule und formulieren, was weitgehender noch in den folgenden Jahren geschehen soll.

Leitbild

Der Begriff Leitbild kann – soweit das zu übersehen ist – auf keine pädagogische Tradition bauen. Er stammt aus Wirtschaft und Verwaltung, die sich seit den 80er-Jahren um eine Neuorientierung bemühen und für die einzelnen Betriebseinheiten maßgeschneiderte Orientierungen benötigen (vgl. dazu Belzer 1995). Die Schulen in der Schweiz und viele Berufsschulen in Deutschland haben diesen Begriff aufgegriffen und für eigene Zwecke modifiziert.

Ein Leitbild ist bündig und knackig formuliert. Es sollte nicht mehr als zehn Leitsätze umfassen und diese jeweils kurz erläutern. Eine Vielzahl von Leitsätzen kompliziert die Aussagen und verwischt das besondere Leitbild einer Schule, das ja einprägsam und unverwechselbar sein sollte.

Das prägnanteste Leitbild, das wir kennen, stammt aus einer Schule des Durham-School-Districts, Kanada, der den Bertelsmann-Preis für den weltweit innovativsten Schulbezirk gewonnen hat (vgl. das Video »Die stille Revolution«). Dieses Leitbild besteht aus ganzen drei Wörtern:

- Academics
- Teamwork
- Self-Management

Diese drei Wörter umspannen in der Tat die ganze weite Welt qualitätsbewusster Schulpädagogik:

> **Academics** steht für eine Schule, die nicht nur kognitives und technisches Wissen vermittelt, sondern auch Verstehen (von Disziplinen, Zusammenhängen und auch von Kunst). »Academics« bezeichnet Inhalte, die wissenschaftlichen Gütekriterien standhalten, sich aber nicht auf Verwissenschaftlichung reduzieren lassen. »Academics« könnte mit Bildungsinhalten übersetzt werden.
>
> **Teamwork** bedeutet lehren und lernen in arbeitsfähigen Gruppen, bezieht sich also auf Lehrpersonen wie auf Schülerinnen und Schüler und nicht zuletzt auf die Schulleitung.
>
> **Self-Management** ist ein sehr amerikanisches Wort, das interessante Entsprechungen in der europäischen Reformpädagogik findet: »Selbstständigkeit« heißt es bei Maria Montessori, »Eigentätigkeit« bei aktuellen Pädagogen. Auch der Begriff »Selbstregulation«, der »Leitbild« etlicher Alternativschulen nach 1968 war, korrespondiert damit. »Self-Management« gilt im Übrigen ebenfalls für die Lehrer- wie für die Schülerrolle.

Ein Leitbild ist so kurz gefasst und pointiert formuliert, dass es leicht auf Plakaten an der Klassenwand und sogar auf der Rückseite von Visitenkarten Platz findet und auf diese Weise augenfällig und allgegenwärtig ist.

Ein Leitbild soll Ausdruck des gemeinsamen Grundes und des Zukunftswillens einer Schule sein.

Im Leitbild werden die Grundideen artikuliert, nach denen sich eine Schule ausrichten will, nach innen wie nach außen.

Ein Leitbild ist selbstbezogen. Das heißt, dass es Eigentum einer einzelnen Schule ist und von dieser auch hergestellt wird. Ein Leitbild kann man nicht von anderen übernehmen, man muss es selbst gebären. Und niemand kann ein Leitbild für andere produzieren.

Schulprogramm

Selbstbezogenheit ist auch charakteristisch für ein Schulprogramm. Der Unterschied zum Leitbild liegt in der Ausführlichkeit und dem Konkretisierungsgrad, die erheblich größer sind als beim Leitbild. Das Schulprogramm ist das Programm zur Realisierung der Leitsätze.

> »*Das Schulprogramm spiegelt die pädagogische Grundorientierung des Kollegiums wider und ist zugleich Ausdruck der gemeinsamen Verantwortung aller Lehrerinnen und Lehrer und der Eltern für ihre Schule*«

heißt es in den Grundschulrichtlinien des Landes NRW bereits 1985 (S. 12). Die gleichen Richtlinien enthalten Erläuterungen und Beispiele, die auch für andere Länder aufschlussreich sind:

> »*Die einzelne Grundschule erfüllt ihren Bildungs- und Erziehungsauftrag besonders wirksam, wenn sie sich ihre pädagogische Arbeit bewusst macht, diese kritisch einschätzt und weiterentwickelt. Dabei berücksichtigt sie die konkreten Lernbedingungen, nutzt ihre Erfahrungen, setzt bewährte Traditionen fort und bezieht das schulische Umfeld und den Heimatraum der Kinder in den Unterricht und das Schulleben insgesamt ein. Auf diese Weise bildet sich durch die Umsetzung der Richtlinien und Lehrpläne das individuelle Schulprogramm einer Schule heraus*« (S. 12).

Die Richtlinien und Lehrpläne eines Landes oder Schulträgers sind der Hintergrund, vor dem jede einzelne Schule ihr individuelles Gesicht klärt. Zu Zeiten rasanten sozialen Wandels ist dies eine Daueraufgabe.

Beim Schulprogramm geht es um die einigermaßen kohärente Grundphilosophie jeder einzelnen Schule, die sich darüber sozusagen selbst definiert. Gemeinhin werden dabei drei Teilschritte unterschieden:

- Die Feststellung der Ist-Situation (welche Schule sind wir, was ist unser besonderer Standort, welche Stärken und Schwächen haben wir?).
- Die Formulierung einer Vision (z.B. in Form eines Leitbildes).
- Die Ausarbeitung von Vorhaben der Weiterentwicklung (z.B. Entwicklungsschwerpunkte oder Projekte).

Entscheidend ist, dass alle drei Teilschritte vom Kollegium gemeinsam gegangen werden. Wird nicht das ganze Kollegium beteiligt oder arbeitet nur die Schulleitung am Schulprogramm, dann macht es sich nicht die ganze Lehrerschaft zu Eigen und Orientierung, Synergie und gemeinsame Ausrichtung treten nicht ein. Werden Schüler und Eltern nicht beteiligt, bleibt es Schulprogramm allein des Kollegiums und wird es nicht Angelegenheit der ganzen Schulgemeinde. Wird schließlich nicht der dritte Schritt der Vereinbarung von Entwicklungsschwerpunkten und Projekten angepackt, bleibt das Schulprogramm ein Stück Papier und bestenfalls ein Prozess der Klärung des Selbstverständnisses, führt es jedoch nicht zur bewussten und von der Schulgemeinde aktiv betriebenen Weiterentwicklung der Schule.

Schulprofil

Ein Schulprogramm bezeichnet das Ganze, ein Profil ist ein Profil – auf diese lapidare Formel lässt sich der Unterschied von Programm und Profil zuspitzen. Das Schulprogramm ist Ausdruck des ganzen Gesichts der Schule. Das Profil bezieht sich auf Teile des Gesichts, die besondere Farbe, das vorstehende Kinn. Weniger metaphorisch ausgedrückt ist das Programm der Ausdruck des pädagogischen Selbstverständnisses der Schulgemeinde und das Profil an Besonderheiten zu erkennen wie dem Ruf der Schule, bestimmten Eigenarten (z.B. zweisprachiger Unterricht) oder Traditionen (z.B. altsprachliches Gymnasium zu sein).

Man kann davon ausgehen, dass fast jede Schule ein Profil schon hat, aber ein Programm erst entwickeln muss.

Das Schulprofil ist das Ergebnis eines mehr oder weniger organischen Wachstumsprozesses einer Schule, es ist situationsgebunden und in einem hohen Maß von Personen und Personenkonstellationen abhängig. Es ist additiv strukturiert.

Demgegenüber zeichnet sich das Schulprogramm durch eine in sich konsistente, ganzheitliche Konzeption aus, die durch einen hohen Grad an Konsensfähigkeit über Zielvereinbarungen aller am Schulleben Beteiligten zustandekommt. Abb. I.1 zeigt in vereinfachter Form den Vergleich von Profil und Programm.

Ein Schulprogramm mag sich durchaus entwickeln aus Merkmalen des eher zufällig gewachsenen Schulprofils. Doch ist dieser Zusammenhang nicht linear. Es ist ebenso möglich, dass sich aus einem Schulprogramm ein neues verändertes Profil entwickelt, gleichsam ein Schulprofil höherer Ordnung. Und auch dieses wird als Konsequenz eines fortgeschriebenen Schulprogramms Veränderungen erfahren und so Schule spiegeln als dynamischen Prozess.

Abb. I.1 **Vergleich Programm – Profil**

Schulprogramm	Schulprofil
1. Ein Schulprogramm ist Ausdruck planvoller pädagogischer Schulgestaltung.	1. Jede Schule hat ihr eigenes Profil, ob sie sich dessen bewusst ist oder nicht.
2. Das Schulprogramm entsteht in dem Maße, wie die Aktivitäten, Verhaltensweisen und Gegebenheiten in einen pädagogischen Zusammenhang gebracht werden.	2. Das Profil ist Ausdruck bestimmter Aktivitäten, Verhaltensweisen und Gegebenheiten, die in irgendeiner Weise hervortreten.
3. Das Schulprogramm beruht auf dem kontinuierlichen Bemühen um Übereinstimmung in grundsätzlichen Zielen und Handlungsweisen.	3. Das Profil ist unbewusst, implizit, in gewisser Weise zufällig.

Planvolle Gestaltung, zusammenhängende Aktivitäten und kritische Reflexion mit Bezug auf die Schule als Ganzes, gemeinsame Verantwortung, Übereinstimmung in grundsätzlichen Zielsetzungen sowie abgestimmte Handlungen aller Beteiligten machen aus einem impliziten Schulprofil ein Schulprogramm, vor dessen Hintergrund wiederum ein explizites Schulprofil entwickelt werden kann.

Gegenstand, Inhalte und Format

Wenn man die bereits vorliegenden Schulprogramme vergleicht, stößt man auf die unterschiedlichsten Versionen. Es gibt Kurzfassungen, die aus nur drei Wörtern bestehen (Academics, Teamwork, Self-Management) und Konvolute, die einen Leitzordner sprengen und alles enthalten, was die Schule für mitteilenswert hält wie

1) Organisation der Stufen
2) Planungen der Fachbereiche wie
   - Lehrpläne
   - Stoffverteilungspläne
   - Wahlpflichtkurse
   - Methodenübersicht
   - Abstimmung der Fächer
3) Außerunterrichtliche Veranstaltungen.

Langfassungen von Schulprogrammen sind im Grunde keine Schulprogramme, weil sie deren Grundfunktionen nicht erfüllen: Sie sind zu umfangreich, um wirklich Satz für Satz vereinbart werden zu können, zu unübersichtlich, um als Orientierung zu dienen und zu differenziert für ein Aufkommen von Wir-Gefühl. Kurzfassungen wie die genannten drei Leitwörter erfassen möglicherweise nicht das Ganze von Schule und Schulgemeinde und enthalten keine Vorhaben zur Umsetzung.

Die Gegenstandsbereiche von Schulprogrammen bezeichnet ebenso präzis wie anschaulich eine Würfeldarstellung (Abb. I.2), die wir Helga Kleingeist-Poensgen verdanken. Sie unterscheidet Aktivitäten, Kooperation und Beteiligung. Bei den Aktivitäten geht es um den Kern von Schule, um Unterricht und Schulleben; bei der Kooperation um innerschulische und außerschulische; und bei der Beteiligung um Lehrpersonen, Eltern sowie Schüler, wobei bei den berufsbildenden Schulen noch die Ausbildungsbetriebe und die Kammern hinzukommen.

Die Inhalte erstrecken sich auf Gebiete, die sich als Gliederung des Schulprogrammtextes darstellen lassen (vgl. Abb. I.3).

Wir halten es für möglich (und kennen auch entsprechende Beispiele), einen dieserart gegliederten Text auf vier Seiten unterzubringen. Ein knapper Umfang hat den Vorteil, zu Prägnanz und Kürze zu zwingen. Ein Vierseitenformat hat zudem den technischen Vorzug, leicht vervielfältigt werden zu können und als Faltblatt in (fast) jede Tasche zu passen.

Abb. I.2 **Gegenstandsbereiche eines Schulprogramms**

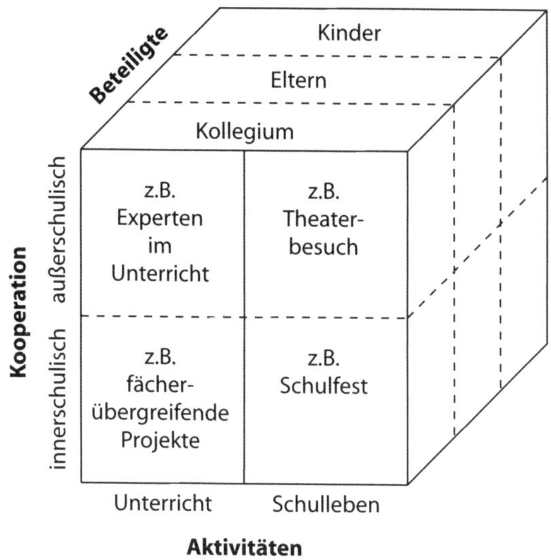

Quelle: Kleingeist-Poensgen (in: Buchen u.a. 1995)

Abb. I.3 **Gliederung eines Schulprogramms**

1. Präambel oder Ausgangspunkt (Standort der Schule, Anlass und Verbindlichkeit, eventuell: Probleme und Stärken)
2. Leitsätze
3. Erläuterungen und Konkretisierungen
4. Entwicklungsschwerpunkte (die auch der Profilbildung dienen) oder Arbeitsprogramme
5. Ideen zur Evaluation

Schulprogrammarbeit steht am Anfang und sollte nicht von vornherein reglementiert werden. Deshalb sind auch größere Umfänge legitim. Aber es sollte bedacht werden, dass mehr als 10 Seiten unübersichtlich werden und leicht aus dem Bewusstsein geraten.

Grafische Ausschmückungen sind in jedem Fall nützlich, bei einem Leitbild gehören sie buchstäblich dazu.

Pflicht oder Selbstverpflichtung?

In etlichen Ländern sind die Schulen verpflichtet, Schulprogramme zu erstellen, in anderen nicht. Wir haben schon im Vorwort erwähnt, dass wir nicht sicher sind, ob Pflicht oder Selbstverpflichtung förderlicher für die Schulentwicklung sind. Wir haben jedoch genügend Erfahrungen mit Schulen gesammelt, um sagen zu können, dass weder eine Fremd- noch eine Selbstverpflichtung allzu detaillierte Vorgaben enthalten darf. Denn Schulprogrammarbeit ist noch so frisch und derart auf Lebendigkeit und Experimentieren angewiesen, dass es in erster Linie darum geht, Schulen zu ermuntern und zu unterstützen. Regulierungen sind vielleicht vonnöten, wenn sich Schulen so weit auseinander entwickeln, dass die Vergleichbarkeit der Lebensverhältnisse gefährdet ist, oder wenn Schulen derart hart miteinander konkurrieren, dass sie ihre Existenz gefährden. Aber wir können uns nicht vorstellen, dass Derartiges in den unmittelbar folgenden Jahren passiert. In den folgenden Jahren müssen sich die Schulen erst einmal auf den Weg machen, und man wird in sieben oder zehn Jahren sehen, wohin die Wege geführt haben – und kann sie dann immer noch begradigen.

Die Vorzüge von Verpflichtungen liegen selbstverständlich darin, dass sie alle Schulen mit dem Thema Schulprogramm konfrontieren – auch die so genannten Dümpelschulen, die ohne äußeren Anlass von alleine nicht auf die Idee kämen, sich an die Schulprogrammarbeit zu machen. Aber auch eine behördliche Anordnung könnte diese Schulen nicht wirklich vom »Dümpeln« abbringen. »Dümpelschulen« könnten erklären, sie würden die Schulprogrammarbeit wegen dringlicherer Angelegenheiten zurückstellen, oder sie würden kurz und bündig ein Fassadenpapier verabschieden.

Eindeutig entwicklungshemmend sind allzu detaillierte Anordnungen von Behörden. Wer alles festlegt, hemmt die Eigeninitiative. Ein Schulprogramm darf nicht buchhalterisch werden. Ein minutiös aufgebautes Schulprogramm läuft Gefahr, neuer Bürokratisierung Vorschub zu leisten. Schulprogramme müssen Platz lassen für eigenwillige Persönlichkeiten und das ganze Spektrum der Methodenfreiheit, für Spontaneität, Flexibilität und Eigeninitiative.

Vielleicht besteht ein Kompromiss darin, die Erstellung von Schulprogrammen zur Pflicht zu machen, es aber den Schulen ausdrücklich frei zu lassen, wie sie diese Pflicht einlösen. Dann bleibt auch Raum für Selbstverpflichtung, die der Schulentwicklung zuträglicher ist als Fremdverpflichtung.

Teil II: Schritte zur Erstellung

Überblick

Bevor im folgenden Hauptteil eine Fülle von Methoden, Verfahren und Arbeitshilfen zur Schulprogrammerstellung ausgebreitet wird, wollen wir einen Überblick über den Gesamtzusammenhang geben. Nur wenn der Blick aufs Ganze gerichtet wird, kann verhindert werden, dass man sich in Methodenfragen und technischen Einzelheiten verliert.

Die Erstellung eines Schulprogramms speist sich aus zwei Quellen (der Erkenntnisse) – unter Beachtung von allerlei Rahmenbedingungen –, und sie führt zu zwei Produkten.

Die erste Quelle besteht in einer gründlichen Vergewisserung des Ist-Zustandes der Schule: Wo liegen Besonderheiten (welches ist das implizite Schulprofil?) und welches sind die Stärken und Schwächen (oder auch Probleme) der Schule? Eine Schulprogrammerstellung, die sich nur an einer Bestandsanalyse bzw. gemeinsamer Diagnose orientiert, fiele zwar mit großer Wahrscheinlichkeit realistisch aus, wäre auch bodenständig, vermutlich zu bodenständig. Denn wer mit beiden Beinen fest auf dem Boden steht, bewegt sich nicht.

Deshalb muss die erste Quelle des Realismus ergänzt werden durch eine zweite Quelle der Vision und der Phantasie. Diese Quelle verleiht dem Schulprogramm eine Zukunftsperspektive, die allerdings vom Boden abheben würde – um im Bild zu bleiben –, wenn der Strom der Ideen nicht mit dem Strom der Analyse zusammenflösse.

Das Bild des Stromes drückt auch ganz gut den Prozesscharakter der Schulprogrammerstellung aus. Schulprogrammarbeit lässt sich nicht auf einen einmaligen Akt reduzieren, etwa indem die Schulleitung einen Text entwirft und in der folgenden Lehrerkonferenz verabschieden lässt. Schulprogrammarbeit ist vielmehr eine Daueraufgabe, bei der nach und nach alle Betroffenen zu Beteiligten werden sollten, neue Ideen einfließen, die von unerwarteten Erfahrungen korrigiert werden, durch wechselnde Rahmenbedingungen, die die Schule vor neue Aufgaben stellen, oder durch Formen der Realisierung, die die vereinbarten Ziele in einem anderen als dem ursprünglichen Licht erscheinen lassen. Schulprogrammarbeit ist also eine Daueraufgabe von Schulen in turbulenten Zeiten.

Der Strom bzw. Prozess der Schulprogrammentwicklung ist zwar prinzipiell unabgeschlossen; er sollte aber dennoch zu Produkten führen, genauer zu zwei Produkten. Dafür sind mindestens 6–12 Monate vonnöten. Das eine Produkt besteht im Text eines Schulprogramms, der durch die zuständigen Gremien verabschiedet werden muss. Das andere Produkt äußert sich in Entwicklungsschwerpunkten bzw.

Abb. 0.1 **Ein Dutzend Schritte zur Erstellung eines Schulprogramms**

Klausur

0. Initiierung

1. Kollegiumsbeschluss / Schulkonferenz

2. Bildung einer Entwicklungsgruppe / Steuergruppe

3. Bestandserhebung und Umweltanalyse

4. Diagnose der Schule: Stärken und Schwächen

5. Erarbeitung einer gemeinsamen Vision

6. Formulierung von Leitsätzen

7. Entwicklungsschwerpunkte finden und auswerten

8. Prioritätensetzung

9. Endformulierung des Textes

10. Abstimmung / Genehmigung (?)

11. Umsetzung

12. Evaluation

Ein induktives Vorgehen ist auch möglich

Projekten zur Realisierung. Ohne Realisierungsüberlegungen bleibt das Schulprogramm lediglich ein Stück Papier, wenngleich der Prozess der Papiererstellung manche Bewegung im Kollegium ausgelöst haben mag.

Wenn allerdings die Umsetzung nicht in einem Zug mit der Texterstellung geschieht (»uno actu«), dann entsteht ein Realisierungsloch, aus dem schwer wieder herauszukommen ist. Dann muss zum Zwecke der Realisierung der gleiche Prozess, der in Abb. 0.1 aufgelistet ist, von vorne beginnen: zuerst wäre die Realisierung zu initiieren, dann müsste es möglicherweise wieder einen Kollegiumsbeschluss geben, wäre zu fragen, ob die alte Entwicklungsgruppe nach wie vor zuständig ist oder eine neue zu bilden wäre, usw.

Schließlich ist noch von großer Bedeutung, dass wir das Dutzend Schritte zur Erstellung eines Schulprogramms in allererster Linie aus didaktischen Gründen so systematisiert haben, wie das in Abb. 0.1 zu sehen ist. Die dort wiedergegebene Liste der Schritte und Reihenfolge stellt eine Art Grundmodell dar, das vom Punkte 0. ausgeht und in einer deduktiven Abfolge Schritt für Schritt voranschreitet. Die Wirklichkeit fügt sich allerdings solchen Idealmodellen normalerweise nicht. Deshalb ist es uns wichtig zu betonen, dass ganz andere Reihenfolgen und auch Gleichzeitigkeiten oder Kreisprozesse möglich sind. Es ist auch denkbar, dass eine Schule mit dem 12. Schritt, der Evaluation, beginnt und von dort aus zu einer gemeinsamen Diagnose kommt. Man könnte auch mit der Umfeldanalyse anfangen oder einem schon in Umsetzung befindlichen Projekt. Manches läuft auch gleichzeitig und parallel. Manches passiert ständig, die Diagnose zum Beispiel. Deshalb kann man anstelle von Schritten auch von »Basisprozessen« (Glasl) sprechen.

Häufig dürfte es vorkommen, dass eine Schule bereits über Entwicklungsschwerpunkte verfügt bzw. etliche Projekte durchführt. Diese können z.B. im fachlich-unterrichtlichen Angebot liegen oder im Bereich der Lernformen bzw. der Lernorganisation, sie können sich beziehen auf neue Technologien, auf multikulturelle Erziehung oder auf inhaltliche Schwerpunkte (im altsprachlichen Bereich, in den Naturwissenschaften, im künstlerisch-musischen Feld). Zudem führen fast alle Schulen Projekte durch, die aufzuzählen den Umfang dieser Schrift sprengen würde.

Schulprogrammarbeit könnte hier ansetzen, eine Bestandsaufnahme durchführen, einen Gesamtzusammenhang herstellen und die Aktivitäten zu einem oder zwei Entwicklungsschwerpunkten zuspitzen. Wichtig wäre dabei vor allem, das gemeinsame pädagogische Selbstverständnis herauszufinden und aufzuschreiben, um es klar, verbindlich und handlungsorientiert zu machen.

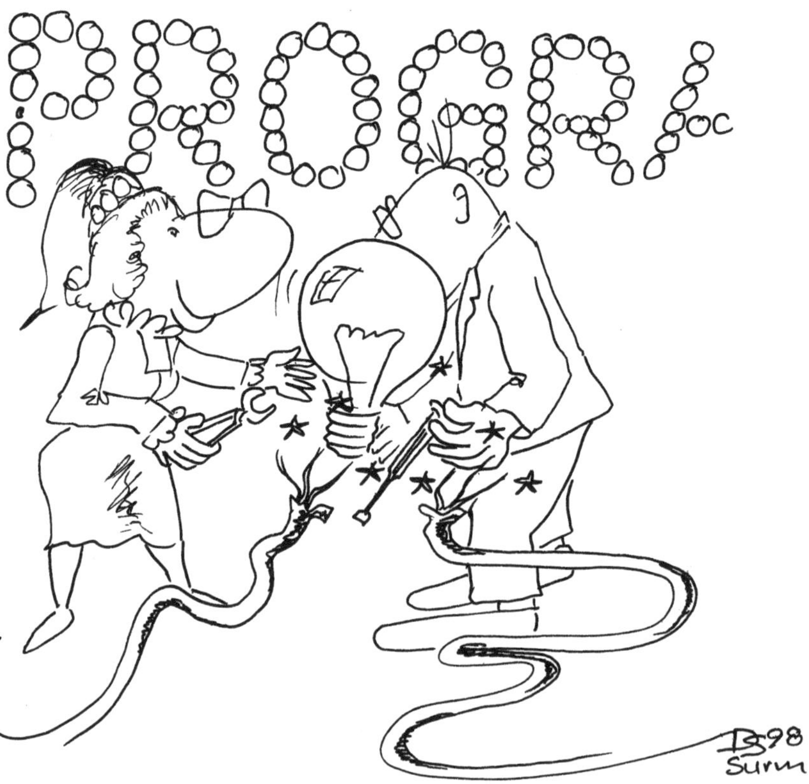

1. Aller Anfang ist schön und schwer

»Jedem Anfang wohnt ein Zauber inne« – diese bekannte Textstelle aus Hermann Hesses Gedicht »Stufen« umschreibt sehr treffend die Anfangseuphorie, die auch zu Beginn schulischer Neuerungsprojekte – wie der Schulprogrammentwicklung – feststellbar ist. Wir beobachten in unserer schulischen Beratungstätigkeit immer wieder aufs Neue, welche Energien und Ressourcen in den Kollegien in dieser euphorischen Startphase freigelegt werden. Wir stellen allerdings auch häufig fest, wie schnell dieser Anfangselan und -schwung der alltäglichen Routine wieder Platz macht: Vielleicht weil überspannte Erwartungen enttäuscht werden, Erfolge und Erfolgserlebnisse auf sich warten lassen oder andere, vorher nicht antizipierte Schwierigkeiten auftraten.

»Der Einstieg ist kritisch« – so lautet die Formel aus dem Standardrepertoire der Organisationsentwickler, die die Träger der Schulprogrammentwicklung sich immer wieder vor Augen halten sollten. Denn neben dem Zauber eines (neuen) Anfangs ist die Startphase gleichzeitig die sensibelste und fragilste Stufe der Schulprogrammentwicklung, deren Schwierigkeiten sehr viel mit dem verdeckten Teil des Eisbergs (»Titanic-Phänomen«) zu tun haben: In diesem informellen Bereich geht es häufig um Ängste, Spekulationen, Gerüchte, Missverständnisse, Hoffnungen und Erwartungen. Um mit dieser »Gemengelage« produktiv umgehen zu können, empfehlen wir zu Beginn der Schulprogrammarbeit dringlich:

Erwartungen und Rollen klären

Die Klärung unterschiedlicher Erwartungen sollte in jedem Fall erfolgen; eine Rollenklärung ist dann wichtig, wenn externe Berater bei der Schulprogrammarbeit unterstützen und/oder wenn es darum geht, fast immer vorhandene Unklarheiten über Rolle und Aufgabe der Steuergruppe zu bearbeiten. Dass diese notwendigen Klärungsprozesse auch Zeit brauchen, liegt auf der Hand. Wollte man versuchen, in dieser kritischen Startphase Zeit zu sparen, würde sich dieses vermeintliche Effizienzdenken später mit Sicherheit rächen. Als Orientierung könnte hier eine Aussage von Ruth Cohn, der bedeutenden Gruppenpädagogin, dienen: »Wenn du wenig Zeit hast, nimm dir am Anfang viel davon«. Gerade zu Beginn sollte also nicht Zeit eingespart werden, es wäre die falsche Stelle. Denn: Der erste Schritt ist der halbe Weg.

Methodisch hat es sich – auch in unserer eigenen Beratungstätigkeit – bewährt, die Erwartungen und Befürchtungen in einer Lehrerkonferenz mittels eines Brainstormings zu klären. In größeren Kollegien sollte dies in Kleingruppen geschehen, die dann im Plenum ihre Ergebnisse auf »Wandzeitungen« präsentieren. Wir geben das Beispiel eines Gymnasiums wieder, dessen Lehrkräfte im Herbst 1997 die folgenden »Hoffnungen« und »Befürchtungen« gegenüber der – in diesem Falle – Leitbildentwicklung formulierten. Die Aussagen scheinen uns auch für andere Schulen relativ typisch zu sein:

Hoffnungen:

- mehr Zusammenarbeit in der Schule
- Stimmungsverbesserung
- größere Freiräume
- Bewusstmachen gemeinsamer Entwicklungsziele
- Gemeinsame Schulphilosophie
- Leitfaden
- Gräben schließen
- Entwicklung eines »Teamgeistes«
- Bessere Identifikation mit der Schule

Befürchtungen:

- Zu viel Papier
- Bewährtes könnte untergehen
- Freiheitseinschränkung
- Nützlichkeit für den Schulalltag?
- Leitbild: Staatliche Zentralisierung
- Was bis jetzt alles falsch?
- Unnötig: Blabla!
- Viel Theorie – wenig Praxis

Zum weiteren Vorgehen bietet es sich an, dass die Schulprogrammpromotoren (Schulleitung und/oder engagierte Lehrer/innen) und die externen Berater (falls solche einbezogen sind) die beiden Listen kommentierend durchsehen: Welche Hoffnung und Erwartung ist möglicherweise überzogen? Worauf kann man sich realistisch einstellen? Welche Befürchtungen sind eher »Horrorgemälde«, welche sind hingegen sehr ernst zu nehmen? Dies könnten Fragen sein, die es zu beantworten gilt. Ziel dieses kritischen Arbeitsschrittes ist es, die Vorstellungen aller Beteiligten in Bezug auf das Schulprogramm zu klären und damit letztlich auch »enttäuschungsfester« zu machen. Ist diese Klärung erfolgt, kann auch der Konferenzbeschluss als Einstieg in die Schulprogrammentwicklung fundierter herbeigeführt werden.

Sollten Schulkollegien die Möglichkeit haben, mit externen Beratern ihre Leitbildentwicklung zu betreiben, dann müssen diese Personen vier Aspekte ihrer Beraterrolle verdeutlichen:

- Selbstverständnis und Rolle (Schulentwicklungsberater als »Erleichterer« und Prozesshelfer);
- Ziele ihrer Beratungstätigkeit (»Hilfe zur Selbsthilfe«);
- Projektbudget (welche Mittel sind vorhanden?) und
- Zeitfaktor (über welchen Zeitraum und wie häufig findet die externe Unterstützung statt?).

Betroffene beteiligen

Sicherlich gilt auch für die Arbeit am Schulprogramm das Leitmotto der Organisationsentwicklung »Betroffene beteiligen«. Zumal bei Projektbeginn sollte großer Wert darauf gelegt werden, bei der notwendigen Bestandsaufnahme alle betroffenen Personengruppen intensiv zu beteiligen. Dies darf nun allerdings nicht heißen, dass alle Gruppen Alles zur gleichen Zeit tun: Naheliegend ist, die Beteiligung von Eltern und Schülerinnen und Schülern sehr genau zu bedenken. Wir können zwei Extrempositionen der Partizipation der genannten Gruppen beobachten, die wir beide für gleichermaßen problematisch und nicht ausbalanciert halten: Entweder werden Eltern und Schüler/innen von Anfang an bei so gut wie allen Schritten der Schulprogrammentwicklung intensiv beteiligt, was diesen Prozess – wie wir aus Schulberichten wissen – sehr komplex und kaum handhabbar macht. Oder Schüler/innen und Eltern werden nach Abschluss der Schulprogrammaktivitäten des Kollegiums in der Schulkonferenz bei der Endabstimmung sozusagen vor vollendete Tatsachen gestellt: Ein Vorgehen, das der in allen entsprechenden Bezugserlassen formulierten aktiven Eltern- und Schülerbeteiligung bei der Gestaltung des Schulprogramms nicht gerade förderlich sein dürfte.

Wir halten unterschiedliche Vorgehensweisen für möglich. Wir favorisieren ein gestuftes Beteiligungsverfahren, bei dem es auf den richtig gewählten Zeitpunkt der Einbeziehung ankommt: Ist der Kollegiumsbeschluss zum »systematischen« Einstieg in die Schulprogrammentwicklung gefasst, sollte als Startveranstaltung eine Lehrerkonferenz ohne Eltern und Schüler/innen gewählt werden. Die am Beginn der Schulprogrammentwicklung stehende Bestandsaufnahme und Diagnose sollte eine gemeinsame des Kollegiums sein – wie wir weiter unten noch ausführen werden; und sie sollte offen und ehrlich sein. Die Bereitschaft, in Offenheit und Ehrlichkeit auch problematische, unliebsame Bereiche als Erhebung des Ist-Zustandes anzusprechen, dürfte geringer ausgeprägt sein, wenn Eltern und Schülerschaft von Anbeginn an und ständig anwesend sind. Brisante Themen wie mangelnde Kooperationsbereitschaft einzelner Kollegen oder Fragen des Führungsstils der Schulleitung lassen sich zweifelsohne besser diskutieren, wenn man »unter sich« ist. Dieses möglicherweise »Waschen schmutziger Wäsche« – um eine Metapher zu benutzen – gelingt nur in einem »geschützten« Raum, in dem Vertrauen und Offenheit herrschen, was allerdings nicht in jedem Kollegium vorausgesetzt werden kann.

Nach dieser Startkonferenz sollten Stück für Stück auch die Eltern und Schüler/innen beteiligt werden. Dies muss nicht immer in einer gemeinsamen Konferenz geschehen: Beispielsweise haben wir gute Erfahrungen damit gemacht, dass die Schüler/innen (etwa: die Schülervertreter) in gesonderten Sitzungen ihre Schulprogramm- und Leitbildvorstellungen entwickeln und diese dann in den Entwurf des Lehrerkollegiums eingearbeitet werden. Dass diese Prozesse nicht konfliktfrei sind, liegt auf der Hand. Ähnlich könnten auch Vorstellungen der Eltern berücksichtigt werden (dazu ausführlicher: Abschnitt 3.1 »Beteiligung von Schülern und Eltern«).

Anlässe

Abschließen möchten wir dieses Kapitel mit einigen Beispielen und Ideen für »günstige« Anlässe, um mit einer systematischen, kollegiumsumgreifenden Schulprogrammentwicklung zu beginnen. Sich solcher Anlässe zu vergewissern ist auch wichtig, wenn die Leitbilderstellung gesetzlich vorgeschrieben ist, wie z.B. in NRW, wo alle Schulen bis zum Jahre 2000 ein Leitbild entwickeln sollen. Denn auch in diesem Fall stellt sich die Frage, welches der günstigste Zeitpunkt für einen Beginn ist und vor allem, welcher Beginn am ehesten die Stimmung im Kollegium und in der Schulpflegschaft trifft.

Schilf-Tage. In nicht wenigen Schulen finden relativ regelmäßig ganztägige pädagogische Konferenzen zu unterschiedlichsten Themen statt, die im Kollegium als besonders wichtig angesehen werden. Typische Themenschwerpunkte für derartige schulinterne Lehrerfortbildungen (Schilf) sind beispielsweise: Verbesserung der Kooperation, Kommunikationstraining, Gewaltprävention, Veränderungen der Kindheit. Die vielfach positiven Erfahrungen mit diesen Schilf-Veranstaltungen können gut genutzt werden, um mit einem Schilf-Tag in die Leitbild- und Schulprogrammentwicklung einzusteigen, einfach indem klar wird, dass der Schilf-Tag fortgeführt werden sollte.

Schuljubiläen. Ein weiterer, guter Anlass, die Schulprogrammarbeit aufzunehmen, sind Schuljubiläen, in denen implizit immer die Arbeit der letzten Jahre bilanziert wird: Mit welchem Anspruch wurde die Schule damals gegründet? Was ist heute daraus geworden? Was bedeuten die damaligen Erziehungsziele heute? Diese typischen Fragen, denen sich in der Regel die Jubiläumsfestredner widmen, sind letztlich alles Fragestellungen, die auch im Rahmen der Schulprogrammbilanzierung eine wichtige Rolle spielen. Insofern könnte das Schuljubiläum – neben wie auch immer organisierten Festivitäten – durchaus ein »passender« Einstieg in die längerfristig angelegte Schulprogrammentwicklung sein, bei der es vor allem zu klären gilt, wie es nach dem Jubiläum weitergehen soll.

Personalwechsel in der Leitung. Schulleiter/innen nehmen bei Innovationsvorhaben eine Art »Türöffnerfunktion« (»gate-keeper«) wahr, gegen sie »geht« in aller Regel »nichts«; »gute« Schulleiter/innen sind eine notwendige Voraussetzung »guter« Schulen. Dies bedeutet für die Schulprogrammarbeit: Hat die Schulleitung sich bei der pädagogischen Entwicklungsarbeit bisher sehr zurückgehalten oder sie sogar blockiert, könnte ein Personalwechsel in der Leitung dazu führen, dass das Kollegium nunmehr stärker ermuntert und motiviert wird, aktiv in die Schulprogrammentwicklung einzusteigen. (Dass allerdings auch andere Konstellationen denkbar sind, die zur Demotivierung der Kolleginnen und Kollegen führen können, liegt auf der Hand). Wir selbst haben in mehreren längerfristig angelegten Schulvorhaben beobachten können, wie ein »positiver« Schulleitungswechsel in einer Schule plötzlich Kräfte und Energien freisetzen konnte, die wir vorher nicht wahrgenommen hatten.

Schüler- und Elterninitiativen aufnehmen. Es kann auch Situationen geben, in denen die ersten Anstöße für die Arbeit am Schulprogramm von Eltern und/oder den Schüler/innen ausgehen können. Konkrete Themen, die dafür Anlässe geben können, sind beispielsweise: Elternwünsche nach mehr Ganztagsangeboten, Wünsche der Eltern nach einem lebendigeren Schulleben und einer stärkeren Öffnung der Schule oder auch Kritik der Schüler/innen und Eltern an fehlenden Arbeitsgemeinschaftsangeboten in der Oberstufe. Die Schulkollegien sollten versuchen, solche Initiativen als Bereicherung und nicht als lästige Störung wahrzunehmen.

Namensgebung. Ein hervorragender Anlass, in die Schulprogrammarbeit einzusteigen, ist die Namensgebung. Wir kennen etliche Schulberichte, in denen diese Namensgebung ein großes, schulöffentliches »Projekt« mit sehr aktiver Schüler- und Elternbeteiligung war. Schulprogramm und Name der Schule stehen ja durchaus in einer Wechselbeziehung: Ein identitätsstiftender Name ist in vielen Fällen geradezu Programm. Man denke etwa an Anne-Franck- oder Janusz-Korczak-Schulen. Aber auch Namen und Personen von »nur« lokalem Bezug können einen programmatischen Anspruch beinhalten.

Projekte in einen größeren Rahmen stellen. Eine weitere Möglichkeit, am Gesamtprogramm zu arbeiten, sind Vorhaben, für die schon vorher ein hoher Kooperations- und Koordinationsbedarf gegeben war. Dies können beispielsweise in der Grundschule die Einführung der »verlässlichen« Halbtagsschule und/oder die Einrichtung von Integrationsklassen sein. In den Sekundarschulen könnten dies z.B. Vorhaben zu einer stärkeren, dauerhaften Verankerung von Projektunterricht sein. In allen Fällen geht es dann darum, die bisherigen, zumeist positiven Erfahrungen mit neuen Kooperationsformen für den Gesamtzusammenhang der Schulprogrammarbeit nutzbar zu machen.

Es kommt auf den richtigen Zeitpunkt an. Abschließend sei noch angemerkt, dass ein guter Anlass für den Beginn der Schulprogrammentwicklungsarbeit die eine Sache ist – eine andere ist das richtige »Timing«: Es macht wenig Sinn, derartige Aktivitäten beispielsweise in die Zeit des Abiturs oder an das Schuljahresende zu legen, an dem viele Lehrer/innen urlaubsreif die Ferien herbeisehnen. Hier – wie an so manch anderen »Stellen« der Schulentwicklung – ist neben dem notwendigen »Know-how«, wie wir es hier beschreiben, sicherlich immer auch das Fingerspitzengefühl der Promotoren der Schulprogrammentwicklung gefragt.

2. Arbeit mit Entwicklungsgruppen bzw. Steuergruppen

Wie soeben gezeigt werden konnte, ist es wichtig, dass Mehrheitsbeschlüsse des gesamten Kollegiums bzw. der Schulkonferenz die Basis der Schulprogrammentwicklung bilden. Zudem ist es wünschenswert, dass möglichst viele Lehrpersonen aktiv bei der Schulprogrammarbeit mitwirken; aktive »Teilhabe« einer möglichst großen Zahl von Lehrerin und Lehrerinnen gilt es zu erreichen. Dies kann allerdings nicht heißen, dass permanent das gesamte Kollegium im Sinne einer 100%igen Beteiligung involviert wäre – eine zudem recht unrealistische Vorstellung. Um Stabilität und Verlässlichkeit bei der Arbeit am Leitbild und Schulprogramm zu erreichen, muss über einen längeren Zeitraum von einem festen Personenkreis Verantwortung dafür übernommen werden. Bei anderen, eher singulären schulischen Vorhaben ist dies häufig die Schulleitung und/oder der Lehrerrat; oftmals sind es andere aktive Gruppierungen oder sogar einzelne »Energieträger«, die sich für ein Projekt in besonderer Weise einsetzen.

Leitbildentwicklung als länger angelegter Prozess braucht ein festes, arbeitsfähiges Gremium, das in der Lage ist, alle Aktivitäten zu bündeln, Strukturen und Verantwortlichkeiten zu schaffen, die es verhindern, dass die in allen Schulen reichlich vorhandenen Ressourcen, Ideen und Initiativen verloren gehen. Deshalb gründen Schulentwicklungsprozesse zunehmend auf einer innerschulischen Einrichtung, die Planungs-, Projekt-, Konzept-, Initiativ-, Entwicklungs- oder Steuergruppe genannt wird. Wir ziehen die Begriffe Entwicklungsgruppe und Steuergruppe vor, da sie am besten beschreiben, worum es geht: Um gelungene Prozesssteuerung und das Management der Entwicklung von Schulentwicklungsprozessen. Damit erfüllt dieses Team andere Aufgaben als eine weitere Projektgruppe.

Die Erfahrungen mit Schulentwicklungsprozessen in Norwegen, Holland, England, Österreich, der Schweiz und etlichen Bundesländern belegen die Triftigkeit dieses Ansatzes. Wo Steuergruppen eingerichtet wurden, hatten Schulentwicklungsprozesse bessere Chancen, im Kollegium dauerhaft verankert zu sein, zu sichtbaren Ergebnissen zu führen und sich auf das Ganze der Schule zu beziehen. Ohne Steuergruppe verflüchtigen sich neue Vorhaben nach kurzer Zeit und erreichen selten das ganze Kollegium.

Die Erfahrung lässt aber auch erkennen, dass Steuergruppen kein Patentrezept und durchaus kein Garant für erfolgreiche Schulentwicklung sind. Man kann sie lediglich als Gelingensvoraussetzung betrachten, deren Potential nur ausgeschöpft wird, wenn die nötigen Gelingensbedingungen gegeben sind bzw. beachtet werden.

Aufgaben

Die Hauptaufgabe einer Entwicklungsgruppe besteht – wie erwähnt – in der Prozesssteuerung, genauer: in der Steuerung eines Schulentwicklungsprozesses durch die Mitglieder der Schule selbst. Prozesssteuerung bedeutet im Einzelnen (vgl. Abb. 2.1):

Abb. 2.1 **Einzelne Aspekte der Prozesssteuerung**

- Erfahrungsaustausch innerhalb und zwischen einzelnen Arbeits- und Projektgruppen der Schule
- Erledigung von Teilaufgaben entsprechend des übernommenen Auftrages
- Initiierung und Begleitung eines einzelnen Projektes und Verkopplung der Projektarbeit mit der Entwicklung der ganzen Schule
- Einleitung und Durchführung einer gemeinsamen Diagnose einschließlich der Auswahl bzw. Entwicklung der Diagnoseinstrumente
- Vorbereitung und Durchführung von Diagnose- bzw. Feedbackkonferenzen mit dem ganzen Kollegium
- Koordinierung des durch Schulentwicklung entstehenden Qualifizierungsbedarfs
- Hilfe bei der Festlegung von Prioritäten für die Maßnahmeplanung in Form von Entwicklungsprojekten
- Unterstützung und Koordinierung von Ansätzen zur Unterrichtsentwicklung
- Information des Kollegiums und aller übrigen am Schulentwicklungsprozess Beteiligten (vor allem Eltern, Schüler und eventuell vorhandene außerschulische Kooperationspartner)
- Zusammen mit der Schulleitung Einleitung und Vorbereitung der schulinternen Evaluation
- Begleitung der schulinternen Evaluation

Zudem

- ist sie (neben der Schulleitung) für die Koordination verschiedener Projekte und Prozesse zuständig,
- sollte sie Kontakte zu anderen Schulen anbahnen und pflegen, vor allem zu Schulen in einem ähnlichen Entwicklungszusammenhang, damit Netzwerkstrukturen entstehen,
- sollte sie für eine Dokumentation des Schulentwicklungsprozesses sorgen.

Arbeitsvoraussetzungen

Für die Arbeit von Steuergruppen sollten folgende Voraussetzungen gelten:

- klare Definition des Auftrages des Kollegiums,
- Freiwilligkeit der Mitarbeit,
- Repräsentanz der wichtigsten Gruppierungen,
- Transparenz der Arbeit gegenüber dem Kollegium und anderen beteiligten Gruppen,
- Übernahme von Verantwortung durch alle Beteiligten,
- geklärtes Verhältnis zur Schulleitung.

Der Auftrag eines Kollegiums kann nicht so umfangreich sein wie in Abb. 2.1 aufgeführt. Um eine Überforderung zu vermeiden, müsste ausgewählt werden. Ein Beispiel ist die klare Definition des Auftrags bei der Durchführung einer Bestandsaufnahme oder einer Diagnose im Hinblick auf den Ist-Zustand einer Schule. Dies gilt besonders für die Schulen, die eine Bestandsaufnahme mit Hilfe eines standardisierten oder selbsterstellten Befragungsinstrumentes durchführen. Der Steuergruppe wird damit auch die Entscheidung über Art und Form dieser Diagnose überlassen. Vergleichbares gilt für die Planung einer Pädagogischen Konferenz.

Die Freiwilligkeit der Teilnahme berücksichtigt besonders die Tatsache, dass die in einer Steuergruppe mitarbeitenden Lehrer ein hohes Maß zusätzlichen Engagements, Motivation, Arbeitszeit und Kraft investieren, wofür im schulischen Alltag in der Regel kein Ausgleich geschaffen werden kann: Das besondere Engagement für den schulischen Entwicklungsprozess korrespondiert zumeist nicht mit einer zeitlichen oder materiellen Entschädigung in Form von Stundenentlastung, wie dies für die Übernahme »traditioneller« schulischer Aufgaben (Betreuung einer Bibliothek oder Mediothek, Erstellung des Stunden- oder Vertretungsplans etc.) der Fall ist. Die Sitzungen der Steuergruppe finden in der Regel außerhalb der Unterrichtszeit statt. Es kann allerdings sinnvoll sein, einen Modus zu entwickeln, der den Mitgliedern die Möglichkeit gibt, zumindest einen Teil ihrer Arbeitstreffen während der Unterrichtszeit abzuhalten, ohne dass Unterricht ausfällt.

Die Transparenz der Arbeit der Steuergruppe gegenüber dem Kollegium hängt direkt mit ihrem Auftrag zusammen: Weil die Entwicklungsgruppe über einen relativ langen Zeitraum hinweg Entscheidungen vorbereitet, umsetzt und – wenn im Auftrag vorgesehen – trifft (z.B. Diagnose), muss sie ein Informations- und Rechenschaftsgebot erfüllen. Sie muss Öffentlichkeitsarbeit innerhalb der Schule leisten, d.h. regelmäßig über den Stand ihrer Arbeit, ihre Entscheidung hinsichtlich bestimmter Entwicklungsschritte oder intendierte Maßnahmen informieren und diese zur Diskussion stellen. Eine geeignete Form dieser Informationspflicht kann beispielsweise durch besondere Steuergruppeninfos geschehen, die dem Kollegium regelmäßig in schriftlicher (Protokolle) und mündlicher (Berichte auf der Lehrerkonferenz) Form präsentiert werden. Auch gegenüber Eltern und Schülern besteht eine Berichtspflicht.

Man kann die Informationspflicht der Steuergruppe gar nicht genug betonen und wird dennoch keine vollkommene Transparenz erreichen. Viele Vorschläge und Ereignisse verschwinden rasch aus dem Gedächtnis, auch Erinnerungen an Abmachungen, Ergebnisse von Diagnosen usw. Deshalb sollte eher zu viel als zu wenig informiert werden – und zwar zügig und permanent. So sollten beispielsweise Protokolle von Sitzungen einer Entwicklungsgruppe direkt ins Kollegium gegeben und nicht lange Abstimmungsprozeduren unter den Beteiligten auf der nächsten Sitzung abgewartet werden (»Genehmigung des Protokolls«). Einsprüche und Korrekturen können in das nächste Protokoll aufgenommen werden.

Die Übernahme von Verantwortung für den Schulentwicklungsprozess erkennt einerseits die besondere Rolle der Steuergruppenmitglieder gegenüber dem Kollegium an. Andererseits wird deutlich, dass die Mitglieder der Steuergruppe einem Prozess der Rollenklärung unterliegen: Die übernommene Mitverantwortung für den Schulentwicklungsprozess dient nicht einer Verselbstständigung der Steuergruppe, sondern der Einbeziehung und Unterstützung des Kollegiums bei der Planung und Entwicklung von Projekten. Schließlich soll die praktische Umsetzungsarbeit in der ganzen Schule (bzw. in Teilen davon) geschehen und die Lehrpersonen entsprechend durch die Steuergruppe unterstützt werden. Ein weiterentwickelter Unterricht oder ein anderes Erziehungsklima kann nicht in der Entwicklungsgruppe, sondern muss in der Schule praktiziert werden.

Zusammensetzung und Leitung

Eine Steuergruppe sollte eine arbeitsfähige Größe haben, also über drei bis sieben (im äußersten Fall: zehn) Mitglieder verfügen. Damit sie die Aufgaben für das gesamte Kollegium erfüllen kann, sollte sie repräsentativ sein, also möglichst viele Strömungen und Richtungen des Kollegiums umfassen. Nur die »Aktivisten« oder nur die »Reformer« in die Steuergruppe zu nehmen, wäre kontraproduktiv, weil sich die anderen dann erst recht ausgeschlossen und zudem noch (als Reformgegner) abgestempelt vorkommen müssten.

Manchmal gestaltet sich eine repräsentative Zusammensetzung als schwierig: Vor dem Hintergrund der Freiwilligkeit von Mitarbeit und der zusätzlichen Belastung muss man akzeptieren, dass Kollegiumsmitglieder, die einem Schulentwicklungsprozess kritisch bis ablehnend gegenüberstehen, nur schwer zu einer Teilnahme zu motivieren sind. Aber man sollte nichts unversucht lassen, sie dennoch für eine Mitarbeit zu gewinnen.

Die Mitarbeit des Schulleiters bzw. der Schulleiterin in der Steuergruppe ist unabdingbar: Die Schulleitung hat für alle innerschulischen Entwicklungsprozesse eine Schlüsselposition inne, da sie Veränderungen sowohl nach innen – gegenüber dem Kollegium – als auch nach außen – gegenüber der Schulaufsicht, den Eltern und der Gemeinde – vertreten muss. Weitreichende Veränderungen im Schulalltag, in der Schulorganisation oder dem Schulprogramm bedürfen zudem nicht nur der Zustimmung der Schulleitung, sondern auch der Schulkonferenz.

Die Mitglieder der Steuergruppe wählen ihren Sprecher selbst. Der Schulleiter sollte möglichst nicht Vorsitzender der Entwicklungsgruppe sein. Es ist im Sinne der Selbstorganisation, Personalentwicklung und auch der Akzeptanz sinnvoller, den Sprecher oder die Sprecherin aus dem Kreis der Lehrer zu wählen, die Mitglieder der Steuergruppe sind. Bei großen Entwicklungsgruppen empfiehlt es sich, zwei Sprecher zu wählen, am besten eine Frau und einen Mann. Wenn zwei Personen leiten, können sie sich gegenseitig beim Leiten lernen unterstützen; zudem wird ein größerer Schritt in der Personalentwicklung getan. Wenn beide Geschlechter berücksichtigt werden, erhöht sich ebenfalls die Akzeptanz.

Die auf Erfahrungen im Bereich von Schul-, aber auch von Unternehmensentwicklung gründende Empfehlung, dass Schulleiter nicht Vorsitzende der Steuergruppe sein sollten, lässt völlig unbenommen, dass Schulleiter – im Rahmen des Projektmanagement – Ausschüsse und Arbeitsgruppen einsetzen, bei denen sie selbst Vorsitzende sind, z.B. Budgetausschüsse. Nur haben diese eine ganz andere Funktion als die Entwicklungsgruppe, die so etwas wie die Infrastruktur der Schulentwicklung durch alle Angehörigen der Schule darstellt.

Das Zustandekommen der Steuergruppe kann auf unterschiedliche Weise geschehen. Eine empfehlenswerte Form ist die Wahl durch die Lehrerkonferenz. Vor der Wahl sollten die hier aufgeführten Aufgaben und Voraussetzungen und Kriterien für die Auswahl von Steuergruppen klargelegt werden, um ein »Durchwählen« der Kandidaten einer einzigen Gruppe zu verhindern. Es mag auch sinnvoll sein, eine Entwicklungsgruppe einzurichten, indem Sprecher oder Vertreter vorhandener Projektgruppen zusammenkommen, wobei die Schulleitung gesetzt ist. Eine weitere empfehlenswerte Form der Rekrutierung besteht im Aushandeln der Mitglieder: Zuerst werden die Kriterien geklärt, dann mögliche Kandidaten genannt und anschließend solange gegeneinander »abgewogen«, bis die Kriterien erfüllt sind. Notfalls müssen Kandidaten aus noch nicht vertretenen Feldern aufgefordert werden, sich zur Verfügung zu stellen. Die so ausgehandelte Steuergruppe sollte in jedem Fall vom ganzen Kollegium bestätigt werden und ein Mandat erhalten, das folgende Kriterien umfasst:

- klar definierten Auftrag,
- klar bezeichnete Entscheidungskompetenz,
- Zeithorizont und Befristung des Auftrages,
- Berichtspflicht mit Aussagen über die Berichtsform.

Gelegentlich werden nur wenige Lehrpersonen nominiert oder sind nur wenige bereit, die Steuergruppenarbeit zu übernehmen. Wie sollte man damit umgehen? Man kann durchaus mit einer Kern-Steuergruppe starten und sich während des Schulentwicklungsprozesses um Ergänzungen durch Personen bemühen, die sich vom Prozess »anstecken« lassen. Das gilt auch für Eltern- und Schülervertreter. Wenn diese hinzukommen, sollte die Entwicklungsgruppe durch die Schulkonferenz bestätigt werden.

Viel schwieriger ist die Frage, ob erklärte Gegner eines Schulentwicklungsprozesses in die Steuergruppe »gelockt« werden sollten. Bei Gegnern, die sich eher als Skeptiker verstehen und die nicht durch destruktives Verhalten auffallen, kann man diese Frage bejahen. Bei bekannten Störenfrieden wäre abzuraten, sie zur Mitgliedschaft zu bewegen. Man sollte ohnehin niemanden zur Mitgliedschaft nötigen. Es ist wichtig, die Promotoren des Veränderungsprozesses in die Entwicklungsgruppe zu holen, aber nicht nur die Meinungsführer, sondern auch andere.

Schulaufsichtsbeamte können aufgrund ihrer Rolle nicht »normale« Mitglieder einer Steuergruppe werden. Jedoch ist denkbar, mit der zuständigen Schulaufsicht einen Gaststatus zu vereinbaren, sodass sie von Zeit zu Zeit auf Wunsch der Steuergruppe zu den Sitzungen eingeladen werden und zur Beratung sowie zur Klärung genehmigungsbedürftiger Angelegenheiten zur Verfügung stehen.

Wir haben gute Erfahrungen mit der Mitwirkung von Schülern in Steuergruppen gemacht. Wenn sich ein Kollegium öffnen soll für eine vorbehaltlose Analyse der Stärken und Schwächen der Schule und für »ungeschminkte« Kommunikationsformen, dann werden Eltern häufig als störend empfunden. Insofern ist Elternmitwirkung komplizierter als die der Schüler. Wenn aber Eltern ausgeschlossen werden, bleibt der Schulentwicklungsprozess allein Angelegenheit der Lehrpersonen und verliert häufig auch rasch an Dynamik, weil das Kollegium nicht »über den Tellerrand« zu schauen vermag oder sich untereinander zu sehr schont. Einen Ausweg weist am ehesten ein sukzessives Einbeziehen der Eltern: Das Kollegium beginnt unter sich, zunächst sogar nur in der Entwicklungsgruppe, öffnet sich dann den Eltern, vorher vielleicht schon den Schülern. Damit diese Ausweitung nicht zu sehr verzögert wird, sollte sie von Anfang an förmlich beschlossen werden. Eine Mitarbeit von Eltern in Projektgruppen, die aus dem Schulentwicklungsprozess entstehen, sollte viel selbstverständlicher sein. Bei Elternbeteiligung muss allerdings darauf geachtet werden, dass die Gruppen zu Zeiten tagen, die berufstätigen Eltern entgegenkommen.

Hinsichtlich der Elternvertretung, die meist auf eine Person, manchmal auf zwei Personen beschränkt ist, sollte allerdings die Wahl auf Personen fallen, die den Schulentwicklungsprozess prinzipiell unterstützten, auch wenn sie in Details skeptisch sind. Richtungspolitische Auseinandersetzungen sollten in den dafür zuständigen Gremien ausgetragen werden, vor allem in der Schulkonferenz bzw. Schulkommission, nicht jedoch in der Steuergruppe, in der es um Prozesssteuerung und nicht um Schulpolitik geht. Die repräsentativste und unproblematischste Form einer Elternbeteiligung kann über Elternbefragungen durch Fragebögen oder Interviews realisiert werden. Die Ergebnisse sind in jedem Fall den Eltern zurückzumelden und mit ihnen auch zu besprechen. In Sekundarschulen sollten vermehrt Erfahrungen mit der Beteiligung von Schülern in Steuergruppen gesammelt werden. Auch hier sind Befragungen denkbar (vgl. dazu Kap. 3.1). Wenn es in der Schule bereits mehrere Projektgruppen gibt, könnte die Steuergruppe auch aus Vertretern dieser Projektgruppen plus Schulleitung zusammengesetzt werden.

Verantwortung und Kompetenzen

In gelingenden Schulentwicklungsprozessen wird dem Kollegium klar, dass es selbst der Motor der Schulentwicklung ist und deshalb auch die Verantwortung dafür trägt. Diese kann nicht an die Steuergruppe delegiert werden. Konsequenterweise kann die Entwicklungsgruppe lediglich als Impuls-, Initiativ- und Arbeitsausschuss des Kollegiums fungieren, nicht aber dem Kollegium die Verantwortung abnehmen. Tatsächlich passiert es oft, dass das Kollegium der Steuergruppe die Verantwortung zuspielt und diese die Verantwortung an das Kollegium zurückgibt. Dieser Kreislauf muss in jedem Fall unterbrochen werden, sonst wird das Kollegium nie »erwachsen« und die Entwicklungsgruppe gerät in die Rolle von Sündenböcken.

Die Entwicklungsgruppe sollte als Initiativ- und Arbeitsausschuss des Kollegiums verstanden werden, was nicht ausschließt, dass sie über Entscheidungskompetenzen verfügt. Die Steuergruppe erfüllt ihre Aufgabe nur dann und trägt ihren Namen erst zu Recht, wenn sie Entscheidungen über den Entwicklungsprozess autonom fällen kann und auch fällt. Entscheidungen zu treffen ist aber nur legitim und wird nur akzeptiert, wenn die Entwicklungsgruppe dafür das Mandat des Kollegiums erhalten hat. Dieses Mandat muss deshalb in Bezug auf die Aufgaben und die zeitliche Dimension klar bezeichnet und begrenzt werden. Geschieht das nicht, entstehen Parallelstrukturen und unproduktive Konkurrenz zwischen formaler (über Gesetze und Erlasse) geregelter Leitungs- und Konferenzstruktur einerseits und der Steuergruppe andererseits.

Abb. 2.2 **Formalstruktur und Steuergruppe**

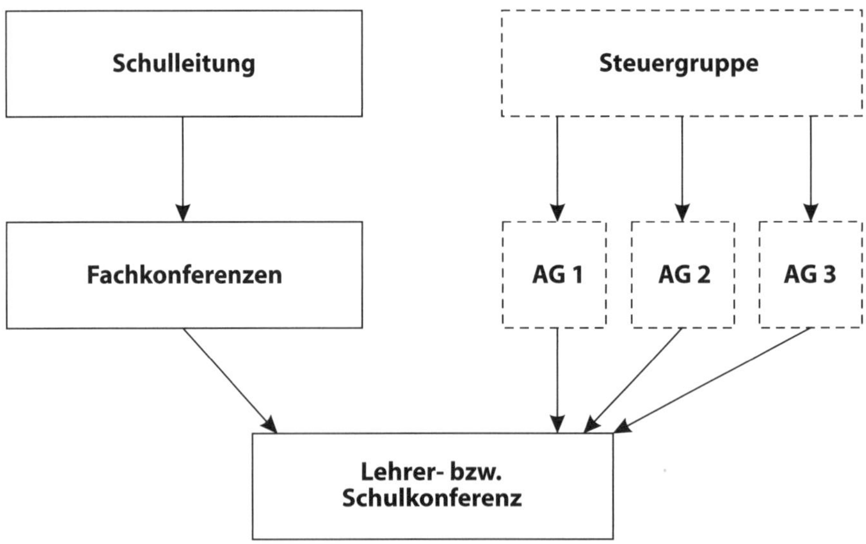

Aus Abb. 2.2 ist zu ersehen, dass die Formalstruktur selbstverständlich weiterbesteht und in ihrer Funktion unberührt bleibt. In dieser Formalstruktur werden die inhaltlichen und Ergebnisentscheidungen getroffen, im Bereich der Entwicklungsgruppe die Prozessentscheidungen. Prozessentscheidungen beziehen sich auf alles, was mit der Planung und Moderation von Schulentwicklungsvorhaben zu tun hat.

Um den Verdacht von Parallel- bzw. Konkurrenzstrukturen gar nicht erst aufkommen zu lassen, sollte die Mitgliedschaft in der Entwicklungsgruppe von vornherein auf ein Jahr oder zwei Jahre limitiert werden, eine Wiederwahl jedoch möglich sein. Für die Kontinuität der Entwicklung und eine fortlaufende Personalentwicklung ist es günstig, wenn ein Teil der Steuergruppenmitglieder im folgenden Jahr weitermacht und ein anderer neu hinzukommt. Die Entwicklungsgruppe ist kein Ersatz für die Mitbestimmungsgremien.

Training und Teamentwicklung

Die erste Sitzung der Entwicklungsgruppe ist besonders wichtig, hier konstituiert sie sich. Für die weitere Arbeit ist es hilfreich, wenn einige Normen vereinbart werden. Die Normen werden in aller Regel den Grundsätzen der themenzentrierten Interaktion ähneln. Sie sollten darüber hinaus die Besonderheiten von Schulentwicklungsprozessen hervorheben, z.B.

- die Arbeit mit Moderationstechniken,
- die stetige Information des gesamten Kollegiums,
- der Versuch, einen kooperativen Arbeitsstil zu entwickeln, und dies auch in Anwesenheit der Schulleitung.

Bei der ersten Sitzung sollten bereits Fragen der Protokollführung und der kollegiumsinternen Veröffentlichung von Protokollen geklärt werden. Ebenso wichtig ist es, die Wahl der Sprecher auf der nächsten Sitzung vorzubereiten, die möglichst bald selbst leiten sollten. Besonders notwendig ist es, von Beginn an die Aufgaben der Steuergruppe, die Rollen der Schulleitung und der übrigen Mitglieder und gegebenenfalls der Berater zu klären.

Damit die Mitglieder der Steuergruppe ihre neue Moderatorenrolle ausfüllen können, müssen sie dafür trainiert werden. Wenn die Entwicklungsgruppe eine große, d.h. das ganze Kollegium einbeziehende Veranstaltung plant und durchführt, ist ein vorhergehendes systematisches Moderatorentraining unabdingbar. Sehr empfehlenswert ist es, die Steuergruppenmitglieder zu ermuntern, das Gelernte im »geschützten Raum« zu erproben, zum Beispiel im Klassenunterricht, um Routine zu erhalten und um Ängste vor Moderation abzubauen, die nicht selten sogar »gestandene« Schulleitungsmitglieder heimsuchen.

Die Steuergruppe muss sich zu einer arbeitsfähigen Gruppe entwickeln. Das kann nicht vorausgesetzt werden, vor allem dann nicht, wenn das Kollegium sehr heterogen ist und die Entwicklungsgruppe diese Heterogenität widerspiegelt oder gar Kritiker des Schulentwicklungsprozesses als Mitglieder hat. Dann ist die Steuergruppe kein Team, sondern eine »konteragierende« Gruppe. Daraus einen Arbeitszusammenhang entstehen zu lassen, ist eine der Hauptaufgaben von Trainings und von externen Beratern. Dienlich sind dafür Normenvereinbarungen und die Gewährleistung ihrer Einhaltung. Gelingt ein solcher Prozess in einer »konteragierenden« Entwicklungsgruppe, hat das Vorbildcharakter für das ganze Kollegium.

Vereinbarung von Spielregeln und Arbeitsnormen

Eine gute Möglichkeit der Normvereinbarung liegt darin, sich von einfachen gruppenpädagogischen Kriterien inspirieren zu lassen, indem die folgenden vier Spielregeln vorgegeben werden:

- Per »ich« (statt »man«) sprechen.
- Keine Monologe halten (»2-Minuten-Regel«).
- Bewertungen erst geben, wenn sie verlangt werden.
- Humor darf sein.

Auch wenn diese Gruppenregeln zunächst ausreichen würden – gerade zu Beginn der Steuergruppenarbeit sollten sie vorsichtig und zurückhaltend »dosiert« sein –, können die Gruppenmitglieder diese Liste um »eigene« Kriterien effektiver Gruppenarbeit ergänzen. Diese Ergänzungen sehen häufig (in unserer eigenen Beratungstätigkeit) so aus:

- Vielfalt statt Einfalt (»Streitkultur«, Toleranz).
- Möglichst keine hierarchische Kommunikation.
- Vertrauen (»Bleibt alles im Raum«).
- Mut, auch unbequeme Dinge anzusprechen.

Eine weitere, sehr viel persönlichere und auch zeitaufwendige Variante der Verabredung von Gruppenregeln fußt auf einer Teamübung von P. Senge und seinen Kollegen. Zunächst werden mit der Übung »Rückwärts in eine Vision« (vgl. Senge u.a. 1996, S. 394f.) die persönlichen, positiven Teamerfahrungen der Gruppenmitglieder abgefragt und sozusagen »systematisiert«. Dazu geben wir die beiden ersten Übungsanleitungen aus dem Methodenbuch zur 5. Disziplin wieder (vgl. Abb. 2.3).

Um zu einer Vereinbarung von Gruppennormen in der Entwicklungsgruppe zu kommen, schlagen wir als dritten Schritt vor, aus der Gesamtübersicht der geschilderten »Traumteams« diejenigen Merkmale auszuwählen, die auch für die Steuergruppenmitglieder gelten sollen. Hierbei sollte eine Anzahl von sechs bis sieben Kriterien nicht überschritten werden.

Abb. 2.3 **Anleitung zur Teambildung** (nach Senge)

Gehen Sie die folgenden Fragen eine nach der anderen durch und halten Sie die Antworten auf einem Flipchart fest.

Zweck
Dies ist eine gute Aufwärmübung für eine Teamvision. Man kann in konkreten Begriffen über gemeinsame Ziele sprechen, ohne sich gleich auf einen umfassenden Visionsprozess einzulassen. Die Teilnehmer können klären, wie groß der Grad ihres Engagements oder ihrer Einwilligung ist.

Überblick
Man stellt eine Reihe von Fragen, die bei den persönlichen Erfahrungen der Teammitglieder ansetzen.

Teilnehmer
Ein intaktes Team. Ernennen Sie einen »Schreiber«, der die Antworten auf einem Flipchart festhält.

1. Waren Sie je Teil eines wirklich großen Teams?
Schildern Sie Ihre individuelle Erfahrung einzeln vor der Gruppe. Es ist ganz Ihnen überlassen, wie Sie ein »wirklich großartiges Team« definieren. Es sollte ein Team sein, für das Sie sich persönlich engagiert haben, dem Sie sich mit Leib und Seele verschrieben haben und das herausragende Ergebnisse erzielte. Denken Sie an diese Erfahrung zurück.

2. Was war das Besondere an diesem Team?
Dass Menschen »gute Arbeit leisten«, ist nichts Ungewöhnliches. Sprechen Sie darüber, was Sie bei diesem »wirklich großartigen Team« als etwas Besonderes empfunden haben. Manche Teilnehmer haben darauf geantwortet: »Ich habe mich ungeheuer stark gefühlt.« »Es hatte etwas Aufregendes für mich.« »Ich glaubte an das, was wir getan haben.« »Wir mussten alle an einem Strang ziehen.« »Ich war wichtig.« »Ich hatte das Gefühl, dass ich etwas Eigenes tat.« »Ich hing leidenschaftlich daran.« »Es gab eine klare Herausforderung.« Der Schriftführer sollte alle bedeutsamen Kommentare auf dem Flipchart festhalten und die vollgeschriebenen Blätter nacheinander an die Wand heften.
Wenn Sie Zeit haben, erzählen Sie einander einige Einzelheiten von dem »großartigen Team«, dem Sie angehört haben.

Sitzungsmanagement-Training

Neben dem Training in Moderationstechniken und Prozessen der Normsetzung halten wir es für sinnvoll, dass die Entwicklungsgruppenmitglieder sich fundiertes Know-how an Sitzungsmanagement-Techniken aneignen. Dies beginnt bei der simplen (aber in der Praxis dennoch häufig übersehenen) Grobstrukturierung von Besprechungen und Sitzungen gemäß der »Rahmung« von Sitzungen. Dabei werden drei Aspekte von Gruppenzusammenkünften unterschieden (vgl. Abb. 2.4, S. 40).

Zudem können sich die Mitglieder der Steuergruppe an folgenden Besprechungsregeln orientieren, mit denen auch wir Arbeitsgruppen trainieren.

Grundregeln für effektives Sitzungsmanagement:

- Zweck der Sitzung/Konferenz klären.
- Angestrebte Ergebnisse klären.
- Rahmenbedingungen klären (Zeit, Räume, Pausen etc.).
- Vorschläge zur Vorgehensweise sammeln.
- Erstellung einer gemeinsamen Tagesordnung.

Abb. 2.4 **Rahmung von Sitzungen**

1. Klärung von Prozessfragen:	Wie wollen wir vorgehen? (Absprachen zur Tagesordnung, Protokollfragen Pausen etc.)
2. Inhaltliche Arbeit:	Was bearbeiten wir?
3. Prozessauswertung:	Wie sind wir vorgegangen? (Manöverkritik)

Die Beachtung dieser Grundregeln führt in aller Regel dazu, dass die Besprechungen der Entwicklungsgruppe effizienter und damit für alle Teilnehmer/innen befriedigender verlaufen. Darüber hinaus werden die Steuergruppenmitglieder durch ihre Erfahrungen (und bei Beraterunterstützung: durch die Zusammenarbeit mit externen Trainern) mit alternativen, effektiven Gruppenarbeitsformen weiterqualifiziert. Diese Qualifizierung versetzt sie in die Lage, auch andere Gremien und schulische Arbeitsgruppen professionell zu leiten. Dadurch geben sie erstens ihr Know-how in diesem Bereich an andere Kollegen weiter; gleichzeitig können die Entwicklungsgruppenmitglieder damit zweitens ihre Akzeptanz im Kollegium erhöhen.

Probleme

Die Einrichtung von und die Arbeit mit Steuergruppen ist nicht unproblematisch; auf einige Probleme, z.B. Parallel- oder Konkurrenzstrukturen, wurde bereits hingewiesen. Weitere Probleme könnten sein:

- Besonders nahe liegend und schwer vermeidbar ist das Problem, dass Entwicklungsgruppen in den Augen der Kollegien im Laufe des Schulentwicklungsprozesses zunehmend als Kader- oder Klüngelgruppen (»Nebenregierung«) erscheinen, die die wichtigen Dinge unter sich entscheiden, nach und nach Privilegien erwerben und am Schluss auch noch Karriere machen. Am wirkungsvollsten hilft gegen solche – vielfach durchaus auch berechtigte – Verdachtsmomente eine gute und permanente Information aller Lehrer. Dies ist zu Zeiten einer zunehmenden Informationsüberflutung nicht leicht zu bewerkstelligen. Aushänge im Lehrerzimmer oder regelmäßige Berichte in den Lehrerkonferenzen mögen Wege sein, die allerdings auch nicht viel weiter reichen als die üblichen Rundschreiben. Befragungen des ganzen Kollegiums mittels Fragebogen und Feedback der Ergebnisse im Rahmen einer Pädagogischen Konferenz sind wirksamer und zudem selbst Teil eines voranschreitenden Prozesses. Nützlich sind auch hin und wieder öffentlich durchgeführte Sitzungen der Entwicklungsgruppe, zu denen gesondert eingeladen wird, oder gemeinsame Sitzungen mit Projektgruppen.

- Mit ihren Aufgaben hat die Steuergruppe innerhalb der Schule eine durchaus herausgehobene Stellung, da sie in gewisser Weise traditionelle Aufgaben der Schulleitung übernimmt, ohne allerdings eine formalrechtliche Befugnis dafür zu haben. Es ist daher von besonderer Wichtigkeit, dass die Entwicklungs- bzw. Steuergruppe dem Kollegium, aber auch der Schulleitung ständig ihre Aufgaben und Funktionen während des schulischen Entwicklungsprozesses klarmacht, um sich nicht zu verselbstständigen und den nötigen Rückhalt als schulisches Gremium zu verlieren.
- Schulleitungen können befürchten, dass durch die Entwicklungsgruppe eine unerwünschte Konkurrenzstruktur entsteht. Dies stellt manche Schulleitungen vor ungewohnte Probleme, muss sie doch in der Steuergruppe ganz auf Amtsautorität verzichten, allein durch Fachautorität überzeugen und sich als kooperationsfähig erweisen. Um den Eindruck einer Konkurrenzstruktur zu vermeiden, ist es extrem wichtig, dass die Entwicklungsgruppe ein strikt auf ein Jahr, höchstens zwei Jahre limitiertes Mandat erhält und auch nicht aussprachelos wieder gewählt wird. Auf Austausch und Rotation ist zu achten, nur so ist ein enger Kontakt zum Kollegium möglich. Gleichzeitig muss jedoch Kontinuität sichergestellt werden; denn erfolgreiche Schulentwicklungsprozesse verlangen die Laufzeit von mehreren Jahren. Hier liegt eine der wichtigen Rollen der Schulleitungen in Steuergruppen: Sie sorgt für Kontinuität.
- Wenn neue Mitglieder in die Entwicklungsgruppe kommen, stellt sich die Frage der regelmäßigen Überprüfung bzw. Aktualisierung von Normen und Aufträgen. Die Steuergruppe muss sicherstellen, dass die vorhandene Kompetenz an neue Mitglieder weitergegeben wird.
- Ein besonderes Problem stellt schließlich die Belastung der Mitglieder der Entwicklungsgruppe dar, die in Intensivphasen möglicherweise alle zwei Wochen ca. drei Stunden arbeiten muss und im Jahresdurchschnitt ca. zwölfmal tagt. Die aufwendige Arbeit muss anerkannt werden und, wenn möglich, Entlastung finden. Zur Entlastung könnte die Steuergruppe auch ad hoc Arbeitsausschüsse bilden, in denen nur ein Mitglied anwesend ist und weitere Lehrpersonen hinzukommen.

Insgesamt erscheint es sinnvoll, dass die Entwicklungsgruppe jeweils präzise Aufträge für überschaubare Arbeitsphasen und Zeiträume bearbeitet, um nicht zu viel zu schnell auf einmal anzugehen. Nach zufrieden stellender Bearbeitung einer Aufgabe kann eine nachfolgende Auftragsvergabe oder -annahme besser verarbeitet werden.

Der Prozess der Etablierung einer Steuergruppe bedeutet bereits eine Weiterentwicklung für die Schule. Mit der Einrichtung einer schulinternen Kollegiumsgruppe, die für den Prozess der Steuerung schulischer Entwicklungsvorhaben Verantwortung übernimmt, werden neue Formen der Kommunikation und Kooperation, der Beteiligung an Entscheidungsprozessen, der Projektentwicklung und des Projektmanagements initiiert, die eine neue Qualität schulischer Entwicklungsarbeit bedeuten kann.

3. Bestandsaufnahme

Aus guten Gründen unterscheiden wir zwei, in der Regel aufeinander folgende »Erhebungen« der Ist-Situation der Schule: Die Bestandsaufnahme und die Diagnose. Die erste, die Bestandsaufnahme, hebt – wie der Begriff nahe legt – auf eine umfassende Erhebung der Ist-Situation ab. Dazu können unterschiedliche Erhebungsinstrumente eingesetzt werden: Von eher »qualitativen« Beschreibungen bis hin zu rein »quantitativen« Methoden der Befragung reicht die Palette, auch metaphorische Verfahren wie das Zeichnen des Bildes der Schule können nützlich sein. Gegenüber der deskriptiven Bestandsaufnahme unterscheidet sich die Diagnose in zweierlei Hinsicht: Erstens ist die Diagnose immer auch Bewertung; und zweitens ist die Diagnose in aller Regel »tiefer« angelegt: Neben der kritischen Einschätzung des Ist-Zustandes kann eine Diagnose auch die systematische Ursachensuche (beispielsweise mit dem Fischgrätdiagramm) umfassen. Für beides, Bestandsaufnahme und Diagnose, kann übereinstimmend festgehalten werden: Sie sollten gemeinsam im Kollegium erfolgen. Und sie sollten mit Methoden durchgeführt werden, die für die jeweilige Schule »maßgeschneidert« werden können.

Da die Bestandsaufnahme den ersten Schritt der Erhebung der Ist-Situation darstellt, ist es wichtig, sie so anzulegen, dass eine positive Ausgangsmotivation zur Weiterarbeit am Schulprogramm im Kollegium entsteht. Hier geht es Schulkollegien genauso wie dem Individuum: Ich kann mich nur schwerlich mit Misserfolgen motivieren; Erfolgserlebnisse schaffen die Motivation, sich vielleicht auch an schwierigeren Aufgaben zu versuchen. Aus diesen Gründen empfehlen wir, den Schwerpunkt der Bestandsaufnahme gewissermaßen auf den »positiven« Bestand zu legen, mithin das besonders herauszuarbeiten, was von den Lehrerinnen und Lehrern als Erfolg und gemeinsame Leistung gesehen wird. Damit wird nun keineswegs Schulprogrammarbeit als »Schönwetterveranstaltung« propagiert: Erstens schließt dies nicht aus, dass auch schon in der Bestandsaufnahme schwierige Problembereiche aufgenommen werden; und zweitens wird spätestens in der Diagnosephase das kritische Potential aktiviert.

Methoden der Bestandsaufnahme

Ein relativ häufig von Schulen beschrittener Weg bei der ersten, gemeinsamen Bestandsaufnahme besteht darin, dass über die Kartenabfrage das überall vorhandene, aber implizite, versteckte Schulprofil bewusst gemacht wird.

Kartenabfrage: Das verborgene Schulprofil bewusst machen

Über die Kartenabfrage hat jede Lehrkraft bei dieser Form der Bestandsaufnahme die Möglichkeit, sozusagen »ohne Filter« festzuhalten, was aus ihrer Sicht das vorhandene Schulprofil auszeichnet. Die Fragestellung für diese Kartenabfrage lautet: »Welche pädagogischen Ansätze machen aus meiner Sicht unser gegenwärtiges Schulprofil aus? Was von dem, was wir schon tun, könnte dazugehören?« Alle Kolleginnen und Kollegen heften ihre Karten an eine vorbereitete Arbeitswand. In größeren Kollegien bietet es sich an, die Kartenabfragen in mehreren Kleingruppen durchführen zu lassen. Wichtig ist es dann allerdings, die Arbeitsgruppenergebnisse im Plenum des Gesamtkollegiums wieder zusammenzuführen.

Arbeitsblatt zur Bestandsaufnahme

Eine weitere Möglichkeit zu einer ersten kollegialen Bestandsaufnahme zu gelangen, sehen wir darin, ein relativ einfaches Arbeitspapier (vgl. Abb. 3.1) auszufüllen.

Abb. 3.1 **Arbeitsblatt zur Bestandsaufnahme**

Jede Schule hat ein Schulprofil, das allerdings nicht allen bekannt und bewusst ist.
Dieses »verborgene« Schulprofil gilt es bewusst zu machen und pädagogisch zu reflektieren.

Welche Beispiele fallen Ihnen zu Ihrer Schule ein?

- -

- -

- -

- -

- -

Jede Lehrkraft bekommt dieses Arbeitsblatt ausgehändigt und sollte es direkt und spontan in der Konferenz ausfüllen. Ein erster Auswertungsschritt kann dann darin bestehen, dass die individuellen Arbeitsblätter in Kleingruppen ausgewertet und die wesentlichen Gruppenergebnisse auf Flipchart-Bögen übertragen werden. Es schließt sich die Präsentation im Plenum an.

Stellenausschreibung

Diese Variante zur Bestandserhebung geht einen (kreativen) Umweg, indem jede Lehrerin und jeder Lehrer einen Anzeigentext formulieren soll, der die Schule potentiellen Bewerbern schildern soll. Da in Stellenanzeigen in aller Regel nur die Vorzüge der neuen Position dargestellt werden, wird auch die Schulbeschreibung eher positiv ausfallen, was durchaus (s. oben) im Rahmen der Bestandsaufnahme beabsichtigt ist. Alle Lehrkräfte werden gebeten, das Arbeitsblatt »Stellenausschreibung« für sich auszufüllen (vgl. Abb. 3.2):

Abb. 3.2 **Stellenausschreibung**

Verfahren, um das implizite Schulprofil explizit zu machen:

Unsere Schule sucht zum Schuljahresbeginn eine neue Lehrkraft für den Deutschunterricht. Die neue Lehrkraft sollte zu unserer Schule passen. Deshalb teilen wir den etwaigen Bewerbern einige Kennzeichen unserer Schule mit.

Man könnte unsere Schule wie folgt beschreiben (z. B. das pädagogische Konzept nennen, Besonderheiten der Lehrerschaft und/oder der Schülerschaft, Schwerpunkte, Qualitätsverständnis und/oder sonstwie Charakteristisches):

Ähnlich wie bei dem soeben vorgestellten »Arbeitsblatt zur Bestandsaufnahme« sollten die individuellen Anzeigentexte zunächst zu einem Gruppentext zusammengefasst werden, ohne dass allerdings die individuellen »Profile« dabei verloren gehen dürfen. Die Gruppentexte werden sodann im Plenum präsentiert.

Den organisatorischen Eisberg erkunden

Hierbei handelt es sich um ein metaphorisches Verfahren. Stellt man sich die eigene Schule als Eisberg vor, ist nur ein kleiner Teil sichtbar und ein großer nicht. Der große Teil liegt unter Wasser und diesen gilt es durch Tauchprozesse zu erkunden. Was sehen wir unter Wasser? Machtspiele, Ängste, Kumpaneien, Sehnsucht nach Anerkennung, Ausgebranntsein, aber auch Zusammenhalt, Sympathie und gegenseitige Hilfe – und was noch?

Selbstbefragung

Eine weitere, von uns sehr häufig eingesetzte Methode ist die Selbstbefragung, ein Verfahren, das – wie der Name nahe legt – großen Wert darauf legt, dass die Betroffenen so viel wie möglich selbst tun: Von der Erstellung des Befragungsinstruments über die Kollegiumsbefragung bis zur Auswertung können diese Eigenaktivitäten reichen. Allgemein unterliegt einer Selbstuntersuchung das folgende Phasenmodell (vgl. Abb. 3.3).

Abb. 3.3 **Phasen der Selbstbefragung**

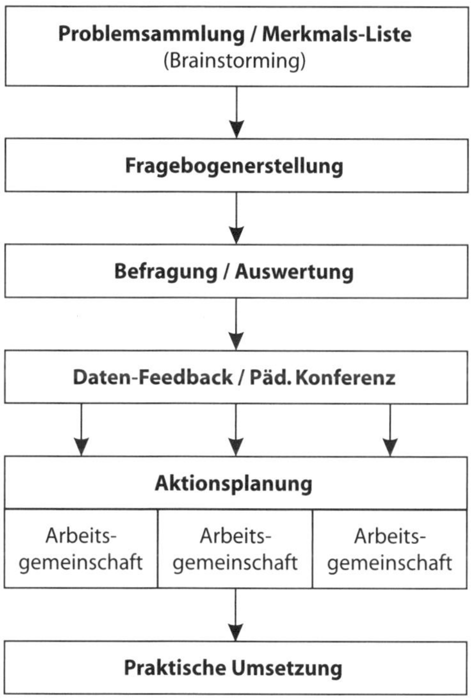

Im Zentrum einer Selbstbefragung steht ohne Zweifel die Rückmeldung, das »Daten-Feedback«. Dieser Schritt ist aus den folgenden drei Gründen wichtig für das Gelingen einer Selbstuntersuchung: Erstens werden an dieser Stelle die eigenen Daten zum ersten Mal schulöffentlich gemacht; zweitens zeigen sich hier in aller Regel Diskrepanzen, schöpferische und produktive Spannungen zwischen dem Ist- und Sollvergleich. Und schließlich kann sich drittens in dieser Phase entscheiden, wie die Schule in die Aktionsplanung »einsteigt«.

Dem Ansatz der Selbstbefragung liegen drei Leitlinien zugrunde:

- Eigene Aktivität
  Obwohl ein externer Berater u.U. besser in der Lage wäre, bewährte Fragebögen vorzugeben, ist es von großer Wichtigkeit, dass die Betroffenen soviel wie möglich selbst tun. Die Anfertigung des eigenen »Werkzeugs« ist eines der wirkungsvollsten Mittel, die Beteiligten zu motivieren, um letztlich die geplanten Änderungen umzusetzen und in Eigenregie fortzuführen.
- Erfolgsorientierung
  Die geplanten Vorhaben sollten in relativ kurzen, überschaubaren Zeiträumen zu Erfolgserlebnissen führen.
- Stärken ausbauen
  In die Selbstbefragung sollte unbedingt aufgenommen werden, was als Stärke empfunden wird. Die Selbstuntersuchung will nicht nur »problematisieren«, sondern dem Kollegium auch verdeutlichen, was alles schon erreicht wurde und welche Stärken noch ausbaubar sind.

Das zentrale Medium der Selbstuntersuchung ist ein einfacher, von der Entwicklungsgruppe auszuarbeitender Fragebogen. Ein Beispiel für die abzufragenden Aspekte ist einem Fragebogen aus einem Gymnasium (vgl. Abb. 3.4) zu entnehmen.

Die befragten Lehrer/innen werden in einem ersten Schritt gebeten, diese Aspekte in eine persönliche Rangreihe ihrer Wichtigkeit bzw. ihrer Bearbeitungsnotwendigkeit zu bringen. Damit lässt sich relativ rasch eine innerschulische Prioritätenliste (Problem-»Hitparade«) erstellen. Zweitens haben die Befragten die Möglichkeit, zu den von ihnen priorisierten Problemen ausführlich drei Konkretisierungen vorzunehmen (vgl. Abb. 3.5, S. 48).

In dem bereits vorgestellten Beispiel des Gymnasiums erreichte in der quantitativen Auswertung (»Rangliste«) der Bereich »7. Qualität des Unterrichts« den dritten Rang (an erster Stelle stand »Verhältnis Lehrer – Schüler untereinander«, an zweiter »Lernumfeld«). Als Ist-Beschreibung fanden sich zur Unterrichtsqualität u.a. die folgenden Formulierungen:

- Frontalunterricht: zu wenig schülerzentriert.
- Zu große Klassen, zu kleine Zimmer.
- Zu kurze Unterrichtseinheiten.
- Zu häufiges Unterbrechen des Schulalltags durch außerschulische Anlässe.

Der Sollzustand wurde – in Auszügen – so beschrieben:

- Nach modernen Erkenntnissen unterrichten, lebensnaher Unterricht.
- Schulinterne Weiterbildung.
- Permanente Qualitätskontrolle.
- Zusammenarbeit zwischen den Lehrern fördern.

Abb. 3.4 **Fragebogen zur Selbstbefragung**

1	Öffnung der Schule, »außerschulische Aktivitäten«
2	Verhältnis Lehrer – Schüler
3	Verhältnis Schulleitung – Lehrer/Schüler
4	Wertorientierungen im Kollegium
5	Rollenverständnis der Lehrerschaft; Identifikation mit der Schule
6	Verhältnis der Lehrerschaft untereinander
7	Qualität des Unterrichts
8	Image: Schule/Öffentlichkeit
9	Lernumfeld
10	Zusammenarbeit
11	
12	
13	
14	
15	

(Ergänzen Sie – falls aus Ihrer Sicht notwenig – die Liste: Positionen 11–15)

Als strategische Wege der Erneuerung wurden u.a. folgende Vorschläge genannt:

- Weiterbildung vermehrt und obligatorisch.
- Kleinere Klassen oder Halbklassen.
- Verbindliches Minimalprogramm in allen Fächern.
- Kritik ernster nehmen (Schüler/innen, Eltern, Schulleitung) und bei Konferenzen thematisieren.

Dieses Beispiel zeigt plastisch, dass die Selbstbefragung nicht bei der Bestandsaufnahme stehen bleibt. Vielmehr lassen die formulierten Vorschläge erkennen, dass hiermit auch schon eine tiefergehende Diagnose und teilweise sogar die Aktionsplanung eingeleitet wird. Insofern wird mit dem Einsatz der Selbstuntersuchung in der Bestandsaufnahme bereits der Übergang zur Diagnosephase vorbereitet.

Abb. 3.5 **Ist-Soll-Wege-Analyse**

---

a) Bitte beschreiben Sie in Stichworten, wie Sie den IST-Zustand sehen:

- -

- -

- -

---

b) Bitte beschreiben Sie in Stichworten, wie es Ihrer Meinung nach sein sollte (SOLL-Zustand):

- -

- -

- -

---

c) Bitte stellen Sie kurz dar, wie nach Ihrer Meinung die von Ihnen angestrebten Veränderungen erreicht werden können (Weg der Erneuerung, Strategie):

- -

- -

- -

- -

Hiermit besteht die Möglichkeit, die innerschulische Rangliste durch die differenzierte (zu jedem Aspekt gesonderte) IST-SOLL-WEGE-Beschreibung qualitativ zu ergänzen bzw. zu konkretisieren.

3.1 Beteiligung von Schülern und Eltern

Die Bestandsaufnahme ist ein vorzüglich geeigneter Ort, um Schüler und Eltern bei der Schulprogrammarbeit zu beteiligen. Die beste Antwort auf die Frage, wer von den Schülerinnen und Schülern oder Eltern einbezogen werden soll, ist nicht leicht zu beantworten. Eine gute Möglichkeit wäre, die Sprecher der Schüler- oder Elternvertretungen hinzuzuziehen.

Wenn man alle beteiligen will, erlaubt die große Anzahl nur die Verwendung von schriftlichen Fragebögen. Dabei sind offene Fragebögen, die ausgefüllt werden müssen, von geschlossenen Fragebögen zu unterscheiden, die lediglich anzukreuzen sind.

In offenen Bögen könnte man z.B. fragen:

- Was gefällt an unserer Schule, was sollte unbedingt beibehalten werden?
- Was gefällt nicht an unserer Schule, was sollte verändert werden?
- Welche Vorschläge für Veränderungen wären angebracht?
- Welche ca. zwei Ziele sollte unsere Schule in den nächsten ein bis zwei Jahren schwerpunktmäßig verfolgen?
- Welche Lehrsätze, Leitideen werden für ein Schulprogramm vorgeschlagen?

Offene Fragebögen können eine reiche Ausbeute an Informationen erbringen. Aber ihre Auswertung ist schwierig. Einigen fällt auch das Ausfüllen schwer, Grundschülern zum Beispiel und einigen Ausländern.

Deshalb empfiehlt es sich vor allem bei großen Schulen mit vielen Schülern und Eltern, geschlossene Fragebögen einzusetzen. Besonders bewährt hat sich das IFS-Barometer. Es ist aus der repräsentativen bundesweiten IFS-Elternumfrage entstanden, die im Zweijahresrhythmus erhoben und im Jahrbuch der Schulentwicklung veröffentlicht wird. Dieses Instrument wurde durch eine Lehrer- und Schülerbefragung ergänzt. Weitere Teile sind Diagnoseinstrumenten entnommen, die im Zusammenhang mit Schulentwicklungsprozessen in verschiedenen Projekten des IFS entwickelt wurden.

Erprobt wurde das IFS-Schulbarometer u.a. im Rahmen von Schulprogrammerstellungen in mehreren Bundesländern und im Schweizer Kanton Wallis.

Beim IFS-Schulbarometer handelt es sich um ein standardisiertes Befragungsinstrument, das flexibel benutzt werden kann. Es enthält

- einen 13-seitigen Lehrerteil mit 23 Fragenblöcken (L),
- einen 13-seitigen Schülerteil mit 25 Fragenblöcken (S),
- einen sechsseitigen Elternteil mit 17 Fragenblöcken (E).

Alle Fragebogenteile erheben zusätzlich Angaben zur Person. Das IFS-Schulbarometer enthält verschiedene Blöcke zu unterschiedlichen Dimensionen von Schulentwicklung. Die einzelnen Aussagen sind als geschlossene Aussagen formuliert, die mit drei- bis sechsstufigen Skalen bewertet werden. Zusätzlich sind einige offene Fragen enthalten, die die Möglichkeit einer freien Antwort bieten. Verschiedene Bereiche ermöglichen Ist-Soll-Vergleiche, also eine Gegenüberstellung der gegenwärtigen Situation mit einer angestrebten Zielsituation. Darüber hinaus sind bei verschiedenen Fragenblöcken direkte Vergleichsmöglichkeiten der Lehrer-, Schüler- und Elternperspektive gegeben, da einige Aussagen in den drei Teilen identisch sind.

Neben dem Fragebogenteil gehört zum IFS-Schulbarometer die so genannte IFS-Durchschnittsschule. Darin sind Ergebnisse aus der aktuellen IFS-Umfrage zu denjenigen Fragebogenteilen enthalten, die identisch mit der Lehrer-, Schüler- und Elternumfrage des IFS sind. So besteht die Möglichkeit für die einzelne Schule, sich mit Daten des jeweils repräsentativen Bundesdurchschnitts zu vergleichen.

Die Durchschnittsschule ist parallel zum Fragebogen ebenfalls in drei Teile gegliedert,

- einen Lehrerteil mit 18 der 23 Fragenblöcke (L),
- einen Schülerteil mit 10 der 25 Fragenblöcke (S),
- einen Elternteil mit 9 der 17 Fragenblöcke (E).

Im Fragebogenteil sind auch Bereiche, die sich nicht in der Durchschnittsschule wieder finden lassen, enthalten, weil sie für einzelne Schulen von Belang sein können.

Das IFS-Schulbarometer muss nicht und sollte auch schon des Umfangs wegen nicht komplett eingesetzt werden. Es vermag vielmehr den Schulen als Anregung zu dienen, die eine schulweite Bestandsaufnahme ihrer konkreten Bedingungen und Arbeitssituationen durchführen möchten. Dabei ist es möglich, Teilbereiche und Auszüge aus dem Barometer zu verwenden, die für die besondere Situation der Schule als sinnvoll, interessant und wichtig erscheinen. Daneben können Veränderungen einzelner Aussagen innerhalb der Fragenblöcke vorgenommen und zusätzliche Bereiche ergänzt werden, die für die Belange der Schule wichtig sind.

Beim Einsatz des Barometers in Kollegien sollte nach unseren Erfahrungen Ausfüllen des Fragebogens bzw. einzelner Aussagen, Fragenblöcke oder Bereiche auf Freiwilligkeit beruhen. Darüber hinaus sollte die Anonymität der einzelnen Lehrperson zugesichert und gewahrt werden.

Um die Rücklaufquote zu erhöhen, sollte ausdrücklich darum gebeten werden, den Fragebogen auch zurückzugeben, wenn einzelne Aussagen nicht angekreuzt wurden.

Besondere Schwierigkeiten bereiten schriftliche Befragungen von Grundschülern. Doch unmöglich sind sie nicht. Wenn die Lehrpersonen mit den Schülerinnen und Schülern üben, sind auch Dritt- und Viertklässler in der Lage, Fragebögen anzukreuzen. Das gilt erst recht, wenn der Fragebogen knapp gehalten (am besten nur eine Seite umfasst) und grundschulgerecht aufbereitet wird. Dafür gibt es u.a. die Anregungen, die in Abb. 3.6 zu sehen sind.

Schüler- und Elternbefragungen können zahlreiche Anregungen für die Schulprogrammarbeit erbringen. Sie sind zudem geeignet, als »Treibsatz« für Schulentwicklung zu wirken:

- als kritischer Spiegel für das Kollegium,
- als Feedback für den eigenen Unterricht,
- als Aktivierungsanlass für Schülerbeteiligung.

Von wirklicher Beteiligung sollte man aber erst dann sprechen, wenn die Ergebnisse den Schülern und Eltern zurückgespiegelt werden (in der Schülervertretung, im Klassenraum oder beim Elternabend), darüber gesprochen wird, Ideen für das Schulprogramm gesammelt werden und diese bei der Ausformulierung des Schulprogramms auch Berücksichtigung finden.

Abb. 3.6 **Fragebogen für Grundschüler**

Beispiel:

Ich als deine Klassenlehrerin möchte gerne wissen, ob dir unser Klassenraum gefällt.

Antwortmöglichkeiten:

- Fragen vorlegen und die Antworten aussuchen lassen oder
- mit Piktogrammen bzw. Mengenbildung arbeiten:

Piktogramme	☺	😐	☹
Mengenbildung	●	● ●	● ● ●

Entscheidungsfragen:

	Ja	Nein
Lehrerin liest vor		
und kreuzt an	☐	☐

Die Schüler könnten aber auch selber:
- ankreuzen
- Punkte kleben
- Chips legen

Multiple Choice:

Zum Beispiel Lieblingsfächer auswählen:

Bilder oder Antworten auflisten

☐ --

☐ --

☐ --

☐ --

Die Schüler könnten bis zu zwei Antworten ankreuzen oder (besser) zwei Punkte zum Verteilen erhalten

3.2 Umfeldanalyse

Zur Bestandsaufnahme gehört auch, den gesetzlichen Rahmen zu analysieren und die bedeutsamen Standortbedingungen zu studieren. Besonders anregend ist, die gesamtgesellschaftlichen Entwicklungstrends nachzuzeichnen – am besten so, wie sie örtlich wirksam werden. Der gesetzliche Rahmen dürfte den Lehrpersonen bekannt sein; zumindest haben ihn die Schulleitungen normalerweise im Bewusstsein.

Die Standortbedingungen sind gemeinhin nicht so präsent, auch weil etliche Lehrpersonen anderswo ansässig sind. Deshalb ist eine gediegene Umfeldanalyse von Nutzen, die eine kleine Gruppe von Lehrpersonen erstellen, verschriftlichen und allen zur Verfügung stellen kann. Auch dies ist eine Gelegenheit, die sich vorzüglich für die Beteiligung von Eltern und Schülern eignet. (Die Idee verdanken wir dem »Kollegium Spiritus Sanctus« in Brig).

Eine Gliederung einer solchen Umfeldanalyse könnte wie folgt aussehen:

1. Ökonomisches Umfeld
   a) globale Ökonomie
   b) nationale Ökonomie
   c) standortbezogene Ökonomie
      1.1 Bedeutung für Bildungsinhalte
      1.2 Bedeutung für Beschäftigungsperspektiven
2. Technologische Entwicklungen (mit besonderer Berücksichtigung der Informations- und Kommunikationstechnologien)
   a) Auswirkungen auf die Struktur von Arbeit
   b) Auswirkungen auf Lernen
   a) Beschäftigung
   b) Versorgen
   c) soziale Brennpunkte
   d) Situation der Kindheit, des Aufwachsens
4. Ökologisches Umfeld
   a) global und national
   b) standortbezogen
5. Staat und öffentliche Finanzen vor Ort

Bei allen Trendanalysen sollten Trends unterschieden werden, die Schule lediglich zu vereinnahmen (»funktionalisieren«) trachten und solche, die ein Potential zur Unterstützung von pädagogischer Schulentwicklung zeigen.

Die Umfeldanalyse sollte entweder als Hintergrundinformation fungieren oder auf einer Pädagogischen Konferenz vorgetragen und diskutiert werden. Wenn sie anschließend in Gruppen diskutiert und auf die Konsequenzen für das Schulkonzept hin »abgeklopft« wird, vermag sie auch wichtige Hinweise für Visionen (vgl. Kap. 5) zu liefern.

4. Pädagogische Konferenz: Gemeinsame Diagnose und mehr

Eine Bestandsaufnahme sollte sich möglichst aller Wertungen enthalten. Es geht dabei vornehmlich um die Sammlung von Fakten und Daten, um Beschreibung und Analyse. Auch bei der Analyse sollten Wertungen so weit wie möglich vermieden werden; Analysen haben Feststellungen von Tatbeständen, Zusammenhängen, Unterschieden oder Abweichungen von Normen, Richtwerten oder Kriterien zum Gegenstand.

Bei der Diagnose indes geht es dezidiert um Bewertungen vor allem in Form von Stärken- und Schwächen-Einschätzungen oder um die Identifizierung von Problembereichen. Eine Diagnose ist desto besser fundiert, je mehr sie auf Analysen gestützt werden kann. Analysen wiederum sollten auf Daten basieren, wobei unter Daten Informationen aller Art gemeint sind – also nicht nur Zahlen.

Diagnosen in Schulentwicklungsprozessen (also auch bei der Schulprogrammarbeit) sollten immer gemeinsame sein, also nicht nur Diagnosen von Experten – seien es Schulleitungen, Steuergruppen oder Berater. Dafür gibt es mehrere Gründe:

- Nur wer an einer Diagnose beteiligt ist, kann sie nachvollziehen.
- Wer an einer Diagnose beteiligt ist, kann sich eher damit identifizieren.
- Je mehr Sichtweisen in eine Diagnose eingehen, desto gesicherter ist das Ergebnis.
- Auch Kritiker sollten einbezogen werden, weil sie wahrnehmen, was sonst übersehen würde.

Für die Durchführung einer gemeinsamen Diagnose eignet sich am besten eine Pädagogische Konferenz bei der der gesamte Lehrkörper anwesend ist und vielleicht auch Schüler- und Elternvertreter. Die Einladung von Elternvertretern hängt davon ab, ob es bereits Erfahrungen vertrauensvoller Zusammenarbeit gibt oder ob sie erst angebahnt werden muss. In jedem Fall hat ein Kollegium das Recht, sich zunächst erst einmal untereinander über die Daten- und Faktenlage zu unterhalten, zumal über unangenehme Ergebnisse. Dafür benötigt es einen geschützten Raum und Zeit für Öffnungen. Das mag bei etlichen Schulen schon erreicht sein, die so etwas wie eine Streitkultur entwickelt haben. Bei vielen Schulen ist die Schulprogrammarbeit eine gute Gelegenheit, hier einen Schritt voranzukommen.

Eine Pädagogische Konferenz kann zum Herz des gesamten Prozesses werden. Sie muss gut vorbereitet sein. Das betrifft nicht nur die Wahl des Tagungsortes (inner- oder außerhalb der Schule?).

In jedem Fall müssen

- passende Räumlichkeiten vorhanden sein (ein Großgruppenraum mit viel Platz für Pinwände bzw. Wandposter und bewegliche Bestuhlung sowie Gruppenräume)
- die Moderation geklärt sein (durch externen Berater und/oder durch die Entwicklungs- bzw. Steuergruppe)
- Arbeitsmaterial vorbereitet und eventuell vorher verschickt werden.

Mit Arbeitsmaterial ist nicht Moderationsmaterial gemeint, das ohnehin vorhanden sein muss, sondern Analysematerial. Dieses wurde von der Entwicklungs- bzw. Steuergruppe (auf unterschiedliche Weise) erhoben. Es muss so verdichtet, d.h. auch verkürzt und aufbereitet werden, dass es von den Kollegiumsmitgliedern problemlos verstanden und interpretiert werden kann. Die Entwicklungs- bzw. Steuergruppe sollte die Ergebnisse auswerten, ohne zu werten, d.h. sie in übersichtlicher Form darstellen. Sie sollte sich eigener Bewertungen strikt enthalten und diese erst bei der Diagnosekonferenz einbringen.

Besonders problematisch ist häufig die Aufbereitung der Ergebnisse von schriftlichen Befragungen. Nicht selten wird dabei ein hoher Aufwand getrieben und das eine oder andere Ergebnis in Form von Balken- und Tortendiagrammen dargestellt. Dabei fehlt häufig der Platz für die Wiedergabe der kompletten Frage bzw. Aussage und erst recht der Antwortmöglichkeiten. So sprechen auch die anschaulichsten Grafiken häufig nicht für sich selbst und muss erst im Originalfragebogen nachgeblättert werden, was umständlich ist. Wir empfehlen eine einfache oder sehr präzise Wiedergabe der Ergebnisse, die am besten mit Handschrift direkt in den Originalfragebogen eingetragen werden.

Abb. 4.1 zeigt ein gutes Beispiel. In diesem Fragebogen ist auf den ersten Blick die Häufigkeitsverteilung zu erkennen. Die Darstellung erfolgt hier in Absolutzahlen, eine Wiedergabe der Ergebnisse in Prozentsätzen wäre genauso passend, wenn nicht noch passender. In den oberen Zeilen, d.h. in den Kästchen, findet man die Ergebnisse für den Ist-Zustand, darunter für den Sollzustand. Man kann also unmittelbar vergleichen. In der Spalte KA ist die Anzahl derjeniger wiedergegeben, die bei einer Aussage (oder Frage) nicht geantwortet haben. Die Anzahl der KAs ist beim Ist-Zustand verschwindend gering, beim Sollzustand indes erstaunlich groß. Dies schafft Anlässe, um darüber im Kollegium zu reden.

Eine Diagnosekonferenz könnte starten, indem das Kollegium in heterogene Gruppen mit bis zu 10 Mitgliedern aufgeteilt wird und den Auftrag erhält, anhand des Datenmaterials Fragen zu bearbeiten wie:

- Welches Ergebnis hat uns am meisten erstaunt?
- Wo finden wir die größten Übereinstimmungen, wo die größten Diskrepanzen zwischen Ist – und Soll? Bei
  - Lehrpersonen und Schülern?
  - Lehrpersonen und Eltern?
  - Eltern und Schülern?

Abb. 4.1 **Lehrerfragebogen (Ergebnisdarstellung)**

III. Qualität des Unterrichts

Unser Unterricht ...		KA							X
32. ... ist stark auf Stoffvermittlung ausgerichtet	Ist-Zustand	1	[26]	[38]	[23]	[2]	[2]	... ist wenig auf Stoffvermittlung ausgerichtet	2,08
	Soll-Zustand	15	12	37	23	4	1		2,29
33. ... ist stark auf Persönlichkeitsbildung ausgerichtet	Ist-Zustand	2	[1]	[16]	[34]	[27]	[12]	... ist wenig auf Persönlichkeitsbildung ausgerichtet	3,37
	Soll-Zustand	12	31	38	10	1	0		1,76
34. ... ist stark auf Leistung ausgerichtet	Ist-Zustand	2	[23]	[39]	[16]	[9]	[3]	... ist wenig auf Leistung ausgerichtet	2,22
	Soll-Zustand	18	20	41	13	0	0		1,91
35. ... ist ohne erkennbare gemeinsame Ziele	Ist-Zustand	2	[11]	[24]	[31]	[22]	[2]	... ist an gemeinsamen Zielen orientiert	2,78
	Soll-Zustand	13	7	3	2	24	43		4,18
36. ... ist fächerübergreifend	Ist-Zustand	0	[2]	[14]	[38]	[30]	[8]	... ist nicht fächerübergreifend	3,30
	Soll-Zustand	12	18	43	18	1	0		2,03
37. ... fördert Kreativität	Ist-Zustand	2	[1]	[26]	[35]	[25]	[3]	... fördert Kreativität nicht	3,03
	Soll-Zustand	15	32	35	8	2	0		1,74
38. ... ist prozessorientiert	Ist-Zustand	6	[6]	[19]	[29]	[20]	[12]	... ist nicht prozessorientiert	3,15
	Soll-Zustand	21	23	37	10	0	1		1,86
39. ... fördert Originalität	Ist-Zustand	4	[1]	[16]	[39]	[23]	[9]	... fördert Originalität nicht	3,26
	Soll-Zustand	18	23	40	10	1	0		1,85
40. ... reflektiert die Koedukationsproblematik	Ist-Zustand	4	[4]	[14]	[22]	[21]	[27]	... reflektiert die Koedukationsproblematik nicht	3,60
	Soll-Zustand	18	25	31	12	2	4		2,04
41. ... thematisiert Berufswahlplanung	Ist-Zustand	7	[13]	[18]	[15]	[24]	[15]	... thematisiert Berufswahlplanung nicht	3,12
	Soll-Zustand	20	25	32	11	3	1		1,93
42. ... fördert die Überwindung geschlechtsspezifischer Studien- und Berufswahl	Ist-Zustand	8	[5]	[10]	[24]	[23]	[22]	... fördert die Überwindung geschlechtsspezifischer Studien- und Berufswahl nicht	3,56
	Soll-Zustand	19	18	28	12	2	3		1,96

Quelle: Gymnasium Liestal

Man kann (und sollte) eine Diagnosekonferenz auch systematischer an pädagogischen Kriterien orientieren. Zu diesem Zweck haben wir Ende der 80er-Jahre für die damals neuen Grundschulrichtlinien des Landes NRW ein Kriterienraster entwickelt, das sich leicht für andere Länder und Schulformen anpassen lässt (vgl. Abb. 4.2). Die Bewertungskriterien entstammen den Richtlinien und werden in Form vom sechs Pädagogischen Leitfragen in der Vorspalte formuliert. In der Kopfzeile stehen diejenigen Vorhaben einer Schule, die bewertet werden sollen. Die Bewertungsskala reicht von 0 (kein Wert) bis 3 (hoher Wert).

Die Diagnosekonferenz kann und soll keine wissenschaftliche Veranstaltung sein. Zwar erforschen die Lehrpersonen bei dieser Gelegenheit ihre eigene Schule, aber es ist nicht möglich und auch nicht sinnvoll, dabei die (harten) Kriterien wissenschaftlicher Empirie anzulegen. Die passendste Beschreibung dessen, was der Charakter und der Status der gemeinsamen Diagnose ist, liefert der etwas umständliche Begriff der »Kommunikativen Validierung«. Validierung bezeichnet die Feststellung der Gültigkeit einer Aussage, auch einer Beurteilung; Kommunikativ ist das Verfahren: Ein Kollegium setzt sich zusammen und kommuniziert über die Gültigkeit; dort, wo es Übereinstimmung in den Einschätzungen gibt, »gilt« eine Aussage, dort, wo es keine Übereinstimmung gibt, bedarf es weiterer Klärungen. Diese Klärungen – und das ist der Kern einer solchen gemeinsamen Diagnose – erfolgen nicht willkürlich, beliebig oder alltäglich, sondern anhand der erhobenen Daten. Kommunikative Validierung ist übrigens auch ein Verfahren der (qualitativen) Sozialforschung.

Eine kommunikative Validierung ist desto ertragreicher, je konsequenter sie mehrere Perspektiven einbezieht: Die Perspektiven des Kollegiums und der Schulleitung sind ohnehin präsent; wenn möglich, sollten die der Eltern und Schüler hinzukommen, entweder abstrakt in Form von bei Ihnen erhobener Daten oder durch persönliche Anwesenheit einiger Vertreterinnen oder Vertreter.

Die gemeinsame Diagnose ist kein Selbstzweck, obwohl sie viel zur Selbstreflexion und Selbstvergewisserung eines Kollegiums beitragen kann. Sie dient hier vielmehr als Einstieg in die konkrete Arbeit am Schulprogramm. Sie ist eine der beiden Quellen, aus der Ideen zur Formulierung von Leitsätzen und Entwicklungsschwerpunkten »sprudeln« könnten. Es hat sich bewährt, nach ca. zwei Stunden Beschäftigung mit allgemeinen Diagnosefragen das Arbeitsblatt SPII-Analyse in die Gruppen zu geben mit der Bitte, zuerst möge es jeder für sich ausfüllen, und danach zu einem Gruppenergebnis zu gelangen (vgl. Abb. 4.3, S. 58). Bei der Gruppenarbeit sollte eine gewisse Konzentration angestrebt werden, z.B. indem gesagt wird, jede Gruppe solle sich auf zwei Vorschläge für Leitsätze und zwei Vorschläge für Entwicklungsschwerpunkte konzentrieren. Verfahren die Gruppen so, ist im Übrigen schon viel getan, damit das Leitbild und seine Verwirklichung in einem Zuge entstehen.

Wenn die Entwicklungs- bzw. Steuergruppe die Ergebnisse am Ende des ersten Tages der Pädagogischen Konferenz einsammelt, verfügt sie über einen Großteil des Materials, das sie benötigt, um einen Kerntext des Leitbildes zu entwerfen und Entwicklungsschwerpunkte vorzuschlagen. Die Formulierung des Leitbildes kann am zweiten Tag der Pädagogischen Konferenz geschehen und die Ausarbeitung der

Abb. 4.2 **Pädagogische Bewertungsmatrix**

Vorhaben	Schullandheim		Freie Arbeit		Pausen		Lesen		Schulanfang	
Pädagogische Leitfragen	Soll	Ist	Soll	Ist	Soll	Ist	Soll	Ist	Soll	Ist
1. **Individuelle Förderung und soziale Koedukation.** Inwiefern trägt das Vorhaben dazu bei, umfassende individuelle Förderung zu gewährleisten, ohne dass es zur Aussonderung oder Stigmatisierung von Einzelnen oder Gruppen kommt?	2	2	3	2	2	1	3	2	3	1
2. **Erziehender Unterricht.** Inwiefern trägt das Vorhaben dazu bei, Kenntnisse und Fertigkeiten so zu vermitteln, dass die Kinder selbstständig sachliche Zusammenhänge entdecken, soziale Verantwortung übernehmen und mitplanen, mitdenken, mitgestalten und verantworten können?	3	1	3	1	2	1	3	2	3	1
3. **Schulleben.** Inwiefern trägt das Vorhaben dazu bei, den Unterricht in das übergreifende Schulleben einzubetten, so dass die Schule nicht allein als Unterrichtsstätte, sondern als Lebens- und Erfahrungsraum für Kinder gestaltet und genutzt wird?	3	1	3	0	3	1	3	1	2	0
4. **Orientierung an der Lebenswirklichkeit der Kinder.** Inwiefern trägt das Vorhaben dazu bei, vorhandene zwischenmenschliche und sachbezogene Erfahrungen aufzugreifen, sie um neue, besonders auch direkte Erfahrungen zu erweitern und dadurch die Orientierungsfähigkeit der Kinder in der Lebenswirklichkeit zu fördern?	3	1	3	0	2	1	3	2	3	1
5. **Leistungsbefähigung.** Inwiefern trägt das Vorhaben dazu bei, durch ein unverengtes Leistungsverständnis, durch zu bewältigende Aufgaben, durch Anerkennung und Ermutigung Lernerfolge zu sichern, so dass die Leistungsfähigkeit und Leistungsbereitschaft der Kinder umfassend gestärkt werden?	3	1	3	2	2	2	3	2	3	1
6. **Differenzierung.** Inwiefern trägt das Vorhaben dazu bei, die Interessen der Kinder vielseitig zu fördern und zu wecken und durch die Variationsbreite der Aufgaben- und Hilfestellungen individuelle Lernwege, Lernzeiten und Lernniveaus zu ermöglichen?	3	2	3	2	3	1	3	2	3	1

Bewertungsskala von 0 bis 3

Abb. 4.3 **SPII-Analyse**

Stärken	**P**robleme	**I**deen für Leitsätze	**I**deen für Entwicklungs-schwerpunkte

Entwicklungsschwerpunkte am dritten. Am zweiten Tag sollte jedoch zuvor die zweite Quelle sprudeln, die für Schulprogrammarbeit wichtig ist, die Beschäftigung mit und die »Produktion« von Visionen. Davon handeln die folgenden Kapitel.

Dieses sollte abgeschlossen werden mit einem Vorschlag für ein Design, d.h. eine Art Fahrplan, für die Pädagogische Konferenz, wie er auf Abb. 4.4 zu sehen ist. Insgesamt sind drei Tage veranschlagt, wobei der letzte auch ein Halbtag sein könnte. Wir haben sehr gute Erfahrungen damit gemacht, dass Schulen in einer dreitägigen Klausurtagung außerhalb des eigenen Schulgebäudes gearbeitet haben. Es handelt sich jedes Mal um außerordentlich intensive Veranstaltungen mit hoher Produktivität, die dem Kollegium jahrelang als Ereignis im Gedächtnis blieben. Nicht jede Schule erhält dafür die Genehmigung und nicht jede Schule kann die Finanzen dafür aufbringen. Deshalb sind auch andere Zuschnitte und Aufteilungen ins Auge zu fassen. Eine Möglichkeit besteht darin, die drei Tage auseinander zu ziehen und zu unterschiedlichen Zeiträumen zu tagen. Der Vorteil liegt darin, dass viel Zeit vorhanden ist, um den vergangenen Tag auszuwerten und den folgenden gründlich vorzubereiten. Den Nachteil sehen wir darin, dass keine Zeit für gemeinsame Erfahrungen, Erlebnisse und spontane Gespräche bleibt, welche dann vorhanden ist, wenn man auch am Abend zusammenbleibt, miteinander speist und auch Zeit für längere Mittagspausen (Spaziergänge) hat.

Abb. 4.4 **Design (Fahrplan) einer pädagogischen Klausur**

1. Tag:	8:30 Uhr	Begrüßung durch Schulleitung Erläuterung des Ablaufs durch Sprecher/Sprecherin der Entwicklungsgruppe (EG) *Gemeinsame Diagnose* Bildung von heterogenen Arbeitsgruppen – Lehrerdaten – Schülerdaten/Elterndaten *Umfeldanalyse*
		Pause
		Stärken/Probleme/Ideen Ergebnispräsentation Auflistung von Entwicklungsschwerpunkten
	18:30 Uhr	Abendessen
		Die EG formuliert ein Textgerippe für ein Leitbild
2. Tag:	8:30 Uhr	Tagesreste und Warm-up *Gemeinsame Visionen* Tagtraum, Phantasiereise, o. ä. Bildung von heterogenen Arbeitsgruppen Übung: Was ist guter Unterricht, was ist eine gute Schule, was sind gute Lehrpersonen? Ergebnispräsentation und Ideen für Leitsätze und Entwicklungsschwerpunkte
		Pause
		Textarbeit, z. B. im Schneeball-Verfahren
	18:30 Uhr	Abendessen
		Die EG komprimiert die Vorschläge für Entwicklungsschwerpunkte
3. Tag:	8:30 Uhr	Tagesreste und Warm-up Bericht der EG über den Stand der Textarbeit Prioritätensetzung für Entwicklungsschwerpunkte *Ausarbeitung von Entwicklungsschwerpunkten/Machbarkeitsstudien*
		Pause
		Fortsetzung der Ausarbeitung Ergebnispräsentation *Beratung über weiteres Vorgehen* Evaluation
	16:00 Uhr	Schlusswort der Schulleitung

Ein guter Kompromiss besteht darin, die drei Tage in zweimal eineinhalb zu teilen. Dann kann man zweimal mittags anfangen und hat einen folgenden vollen Tag zur Verfügung – und der Unterricht braucht nur zweimal auszufallen.

Es empfiehlt sich sehr, am dritten Tag die Schulaufsicht zur Teilnahme einzuladen. Dann entstehen keine Informationsdefizite und keine Anlässe zu Misstrauen, dafür aber die besten Voraussetzungen für die Anerkennung und Umsetzung des Schulprogramms.

Wichtig ist, dass vor und noch einmal zu Beginn der Pädagogischen Klausur unmissverständlich klar gemacht wird, dass auf dieser Konferenz keine inhaltlichen Entscheidungen getroffen werden. Stehen schon während der Konferenz Abstimmungen über Leitsätze oder Entwicklungsschwerpunkte an, wird die Konferenz politisiert. In jedem Fall werden etliche Teilnehmer nicht frei und kreativ, nicht unvoreingenommen und frisch mitarbeiten können. Deshalb ist Entscheidungsaufschub wichtig. Entscheidungen zum Schulprogramm sollten und müssen ohnehin in den zuständigen Gremien erfolgen, die in einem mehrwöchigen Abstand nach der Pädagogischen Konferenz tagen sollten.

Die Ziele einer Pädagogischen Konferenz hat die Steuergruppe eines Schweizer Gymnasiums anschaulich als Bild einer gemeinsamen Reise dargestellt (vgl. Abb. 4.5). Letztlich geht es dabei um die schrittweise Organisation eines Konsenses. Aber diese Schritte vollziehen sich nicht linear, genau wie eine Reise nicht geradlinig verläuft. Am Anfang steht eine kontroverse Diskussion (»Aussprache«) über die Daten, aber auch über Störungen, Irritationen und was immer. Danach folgt die Arbeit an Visionen, bei der es auch noch auseinander laufende Versionen gibt (»Schülerschule«, »christliche Schule«, »Schule der Neuen Medien«, usw.). Erst

Abb. 4.5 **Ziele einer pädagogischen Konferenz**

Klausurtagung: eine gemeinsame Reise			
1. Tag	Aussprache bewegend mitreissend	vorbereiten packen	
2. Tag	Vision + Konsens	Transportmittel wählen	
3. Tag	Aufbruch	abreisen	

dann, aber auch spätestens dann wird am Konsens gearbeitet, der über gemeinsam initiierte und getragene Formulierungen den nötigen Grund und eine gewisse Verbindlichkeit erhält. Auf diesem Grund können dann Entwicklungsprojekte vereinbart und realisiert werden (»Aufbruch«).

Zu den nicht zu unterschätzenden Nebeneffekten einer Pädagogischen Konferenz bzw. Klausur gehört, dass das gesamte Kollegium durch die intensiven Diskussionen in Gruppen mit wechselnder Zusammensetzung eine gemeinsame Sprache erlernt. Häufig wird zum ersten Mal klar, was unter Schülerorientierung, Leistung, soziales Lernen, Führung, hohe Anforderungen und ähnlichen Begriffen zu verstehen ist und welches Verständnis man teilt.

Abb. 4.6 **Checkliste für pädagogische Konferenzen**

- Externen Moderator einsetzen?
- Zeitrahmen festlegen
- Geeignete Räumlichkeiten finden (mit Plenum und Gruppenräumen)
- Behörden informieren
- Finanzierung klären
  - Moderator
  - Unterkunft
  - Transport
  - Moderationsmaterial
  - eventuelle Entlastung für Vorbereitungs- bzw. Steuergruppe
- Vereinbarungen mit Kollegium treffen
- Rolle der Schülerschaft/Elternschaft klären
- Genehmigung für Unterrichtsausfall einholen
- Vorbereitungen treffen
  - Design erstellen
  - Rollen festlegen
  - Arbeitsunterlagen kopierfähig machen
- Keine Inhaltsentscheidungen während der Konferenz
- Nacharbeiten
  - Evaluation des Konferenzverlaufs
  - Beschlussvorlagen für die Gremien
  - Protokoll erstellen

Die Pädagogische Konferenz bzw. eine zwei- oder dreitägige Serie von zusammenhängenden Konferenzen nimmt mit Sicherheit eine Schlüsselstellung bei der Schulprogrammerstellung ein. Hier geschieht die Kernarbeit, und hier sind alle beteiligt. Deshalb muss die Pädagogische Konferenz gut vor- und nachbereitet sein. Die Checkliste (Abb. 4.6) enthält dafür wichtige Hinweise und Anregungen.

P.S. Man könnte den Auszug aus dem Lehrerfragebogen (Abb. 4.1) als Übungsmaterial nutzen und auf dieser Grundlage eine SPII-Analyse durchführen. Eine mögliche, keineswegs die »richtige« Weise des Ausfüllens könnte sein:

Stärken:	Stoff-, Fach- und Leistungsorientierung
Probleme:	Wenig auf Persönlichkeitsbildung und Kreativität, Originalität und Koedukationsproblematik ausgerichtet, wenig fächerübergreifend, gemeinsame Ziele wenig erkennbar
Ideen für Leitsätze:	Unterrichtsreform fortsetzen; Persönlichkeitsbildung fördern

Ideen für Entwicklungsschwerpunkte: Methodentraining; Reflexive Koedukation.

Wenn es Uneinigkeit über die Beurteilung der Stärken und Probleme gibt, muss datengestützt argumentiert und auch beredet werden, was »hinter« den Daten stecken könnte; bei den Ideen ist Diskussion und Abstimmung in der Gruppe ohnehin vonnöten.

5. Erarbeitung einer gemeinsamen Vision

Visionen stellen die zweite Quelle dar, aus der Ideen für Leitsätze und Entwicklungsschwerpunkte entspringen. Visionen vermögen einer Schule die Zukunftsperspektiven vor Augen zu halten und dem Kollegium einen Kristallisationspunkt zu liefern für pädagogische Ideale, Träume und Phantasien.

Aus zahlreichen Veranstaltungen mit Lehrpersonen und Schulleitern wissen wir, dass solche Ideale, Träume und Phantasien nahezu bei jedem Pädagogen vorhanden, wenngleich manchmal verschüttet sind. Deshalb ist es sinnvoll, Veranstaltungen zur Erarbeitung von Visionen mit einer Phantasieübung zu beginnen. Angeleitete Phantasiereisen eignen sich dazu vorzüglich, aber auch eine Übung, mit der wir sehr gute Erfahrungen gemacht haben. Wir nennen sie

Tagtraum

Die Übung aktualisiert die persönlichen Visionen. Sie beginnt mit der Erinnerung an den Song »What a Day for a Daydream« und mit der Bemerkung, wir hätten alle ein Recht auf Tagträume. Es wird vorgeschlagen, sich einen pädagogischen Tagtraum zu »gönnen«, wozu es nötig ist, langsam die Augen zu schließen. Wenn alle die Augen geschlossen haben, sagt man mit ruhiger Stimme:

> »*Stellen Sie sich (stellt euch) diese, unsere Schule in 10 Jahren vor. Das ist schon im nächsten Jahrtausend und dennoch so nah. Stellen Sie sich Ihren Arbeitsplatz vor, die Räume, die Farben, die Ausstattung ...*«

Die Schüler werden bewusst nicht erwähnt. Das ließe bei einigen »freies« Träumen gar nicht zu, und fast alle kommen von selbst auf die Schüler, aber eher »traumwandlerisch«. Die Traumphase muss nicht lange dauern. Es ist erstaunlich, wie viel wir in zwei bis fünf Minuten träumen.

Nach der Traumphase werden alle gebeten, ihren Traum ihrer Nachbarin zu erzählen und umgekehrt sich deren Traum anzuhören. Dann bricht sofort ein intensives Gemurmel aus, das gar nicht enden will.

Nach etwa 10 Minuten kann man unterbrechen und fragen, wer Lust hat, seinen Traum allen Anwesenden zu berichten. Da sich alle zu zweit warm geredet haben, ist es kein Problem, nun zu einem breiten Austausch im Plenum zu kommen. Eines ist allerdings beim Plenum zu beachten: Eine Traumzensur darf nicht stattfinden.

Bild der idealen Schule malen

Nach einer derartigen Einstimmungsphase sollte die Arbeit an einer gemeinsamen Vision etwas systematischer betrieben werden. In kleineren Kollegien kann man mit expressiven Methoden anschließen, z.B. mit Bildermalen. Beispielsweise könnte es darum gehen, das Bild einer idealen Schule zu malen, allein (in ganz kleinen Kollegien) oder zu dritt (nach freier Zuwahl, besser jedoch ausgelost, damit mögliche Spaltungen nicht vertieft werden und von vornherein die Idee der Gemeinsamkeit präsent ist).

Gruppenübung: Gute Schule und guter Unterricht

Etwas formalisierter und damit auch besser auswertbar sind Verfahren, die unter der Überschrift »Was ist eine gute Schule?« bekannt geworden sind. Diese Übung, die vollständig veröffentlicht ist (in: Philipp 1992), eignet sich besonders gut für Schulprogrammarbeit, da sie die Schule als ganze thematisiert. Ebenso wichtig ist der Bezug zum Unterricht, dem Kern von Schule. Die Übung »Was ist guter Unterricht?« wurde ebenfalls vollständig publiziert (in: Rolff u.a. 1998). Für große Kollegien empfiehlt sich, beide Versionen zu verwenden, wobei sich eine Hälfte mit Visionen zur »guten Schule« und die andere mit Visionen zum »guten Unterricht« befasst und die Ergebnisse gegenseitig vorgestellt werden.

Zur Veranschaulichung geben wir hier die Übungsanweisung wieder:

Ziele:

- Unterschiedliche Auffassungen zu der Frage, was gute Schule bzw. guter Unterricht ist, abzuklären.
- Unter den Teilnehmer/innen einen möglichst weitgehenden Konsens zum Begriff einer guten Schule, eines guten Unterricht herzustellen.
- Leitideen für ein Schulprogramm zu formulieren.

Ausgangssituation:
Jede/r Teilnehmer/in erhält ca. 50 Karten. Auf jeder Karte steht eine Aussage, die ein mögliches Merkmal einer guten Schule bzw. eines guten Unterrichts beschreibt. Jede/r bekommt 15–20 Minuten Zeit, um fünf Karten herauszusuchen und herauszuschneiden, die zusammen sein/ihr Wunschbild einer guten Schule bzw. eines guten Unterrichts beschreiben.

Vorgehensweise:
Jede Gruppe (5–8 Mitglieder) versucht dann in der Frage, was eine gute Schule bzw. guten Unterricht kennzeichnet, zu einem Konsens zu kommen. Dabei ist es wichtig, dass die Auffassungen aller Gruppenmitglieder berücksichtigt werden.

a) Die Aussagen mancher Karten stehen einander inhaltlich sehr nahe. Durch Diskussion in der Gruppe sollten die Karten in einem ersten Schritt nach inhaltlicher Nähe geordnet bzw. gruppiert werden.
b) Man kann auch übereinkommen, einzelne Karten, über die kein Konsens besteht, nicht weiter zu benutzen, also auszusortieren.
c) Dann sollte versucht werden, daraus ein »Idealbild« zu gestalten.
d) Schließlich sollte das gemeinsam entwickelte »Idealbild« für die gegenseitige Vorstellung auf ein großes Blatt geklebt werden. Grafische Ausschmückungen sind willkommen!

Sowohl beim Bildermalen wie beim Auswerten dieser Idealbilder sollten die Gruppen in einem zweiten Arbeitsgang aufgefordert werden, daraus »Ideen für Leitsätze« wie »Ideen für Entwicklungsschwerpunkte« herzuleiten – und zwar wiederum je zwei: Damit Visionen lohnen.

Die Übungen »Gute Schule« und »Guter Unterricht« rufen nicht alle radikale Bilder von Visionen hervor; sie eignen sich eher zur Optimierung des Bestehenden. Will man radikalere Visionen behandeln, bietet sich an, eine Zukunftskonferenz oder eine Zukunftswerkstatt zu veranstalten. Bei der Zukunftskonferenz wie bei der Zukunftswerkstatt ist es besonders nahe liegend, Eltern- und Schülervertreter zu beteiligen, die neben dem Lehrkörper als »Interessengruppen« auftreten und sich in der Tat auch häufig als solche verstehen.

Zukunftskonferenz

Die Zukunftskonferenz beginnt interessanterweise damit, die Geschichte der Schule in Erinnerung zu rufen – und zwar getrennt aus Lehrer-, Schüler- und Elternsicht. Dann wird eine Umfeldanalyse durchgeführt und anschließend die Gegenwart be-

Abb. 5.1 **Ablauf einer Zukunftskonferenz**

Phase 1	Vergegenwärtigen der Vergangenheit: Wo kommen wir her? (Arbeit in Interessengruppen)
Phase 2	Prüfen des Umfelds: Welche Entwicklungen kommen auf uns zu? (Gemischte Gruppen)
Phase 3	Bewerten der Gegenwart: Worauf sind wir stolz, was bedauern wir? (Interessengruppen)
Phase 4	Zukunft (er-)finden: Was ist unsere Vision? Was wollen wir gemeinsam erschaffen? (Interessen- oder gemischte Gruppen)
Phase 5	Entdecken des gemeinsamen Grundes: Herausarbeiten der essentiellen Gemeinsamkeiten (Gemischte Gruppen)
Phase 6	Zukunft im Hier und Jetzt umsetzen: Nahziele, Maßnahmen. Wer, was, wo, wann, mit wem? (Gemischte Gruppen)

Teilnehmer:
Alle Lehrpersonen, Schülerinnen und Schüler, Eltern, vielleicht auch Vertreter des Schulträgers, bei Berufsschulen auch Vertreter der »Abnehmer«.

Quelle: Burow, O.A.: Zukunftskonferenz. In: Pädagogik, H.10/1996, S. 39-42.

wertet, z.B. durch eine Stärken-Schwächen-Analyse. Anschließend werden Visionen entwickelt, das kann in Interessen- oder in gemischten Gruppen geschehen. Wichtig und bezeichnend für die Zukunftskonferenz ist die darauf folgende Suche nach dem gemeinsamen Grund, der die Nahziele und Maßnahmen (vergleichbar den Entwicklungsschwerpunkten) »tragen« soll.

Für eine Zukunftskonferenz sollte man zwei Tage bzw. drei Halbtage ansetzen. Halbtage (am Nachmittag bis in den Abend) haben den Vorteil, dass die Elternbeteiligung erleichtert wird. (Abb. 5.1 zeigt den Ablauf einer Zukunftskonferenz im Überblick.)

Wir haben im Übrigen nicht so gute Erfahrungen damit gemacht, sich auf die ganz persönlichen Visionen intensiv zu besinnen und diese aufzuschreiben, wie das Senge (1996) empfiehlt. Dann entsteht das Problem, sich davon wieder lösen zu müssen und den Blick aufs Ganze der Schule zu richten und dabei die eigenen Visionen mit denen anderer zu verschmelzen; man hängt dann zu sehr an den eigenen Besonderheiten und kann sich nur schwer auf die Visionen anderer einlassen. Spielerische und sporadische »Einstiege« in die eigenen Visionen, wie sie die Tagtraum-Übung vermittelt, führen nicht zu diesem Problem der Zerstückelung, die Gruppenübungen ohnehin nicht.

6. Formulierung eines Textes

Fast alle Schulen tun sich schwer mit der Verschriftlichung ihres Leitbildes bzw. Schulprogramms. Wenn man bedenkt, dass es schon nicht leicht ist, gemeinsam zu zweit oder zu dritt einen Text zu verfassen, dann verwundern die Schwierigkeiten nicht, die auftreten, wenn sieben Mitglieder einer Entwicklungs- oder Steuergruppe oder gar ein ganzes Kollegium (mit manchmal mehr als 100 Mitgliedern) um einen gemeinsamen Text ringen.

Wenn zig Autoren einen Text schreiben, dann benötigen sie Hilfe. Als hilfreich haben sich sowohl methodische als auch inhaltliche Hinweise erwiesen.

Mit fünf methodischen Ansätzen haben wir mitteilenswerte Erfahrungen gemacht:

1) **Steuergruppe als Redaktionsgruppe**
   - Die Steuergruppe (STG) entwirft einen Kerntext (ca. 2 Seiten).
   - Der Kerntext wird jeder Lehrkraft zugestellt, die ihn überarbeitet und der STG zurückgibt.
   - Die STG kompiliert die Überarbeitungsvorschläge und erarbeitet einen Basistext.
   - Der Basistext wird in der Lehrerkonferenz/Schulkonferenz diskutiert und verabschiedet.

Problem: Keine direkte Beteiligung/Interaktion, keine integrierte Realisierungsplanung.

Vorschlag: Weiter wie unter 5).

2) **Umfrageorientierte Redaktionsarbeit**
   Die Steuergruppe stellt jeder Lehrkraft einen (z.B. offenen) Fragebogen zu, in dem um Antworten auf folgende Fragen ersucht wird:
   - Welches sind meine drei wichtigsten Wünsche für Entwicklungsziele unserer Schule (auf die folgenden ein oder zwei Jahre bezogen)?
   - Welche Ideen haben Sie für ein Leitbild/Schulprogramm?
   - Wenn wir zusätzliche Mittel bekämen, wofür sollten sie ausgegeben werden?

Die STG wertet diese Umfrage aus und verfährt ansonsten wie unter 1) oder 4).

3) **Übung »Gute Schule« und »Guter Unterricht« als Ausgangspunkt**
Das Kollegium wird in Gruppen zu vier bis neun Personen aufgeteilt und führt die Übung »Gute Schule« oder »Guter Unterricht« durch. Die Auswertung erfolgt in drei Schritten:
   a) aus der Menge der Ergebniszettel werden die herausgesucht, die allen Gruppen gemeinsam sind;
   b) dann gehen die Teilnehmer zurück in ihre Gruppe
      – und notieren auf je eine rechteckige Karte alles das, »was heute schon auf unsere Schule zutrifft« und
      – notieren auf je eine ovale Karte zwei »Dinge, die in den nächsten ein oder zwei Jahren weiterentwickelt werden sollen«.
   c) Vor diesem Hintergrund wird ein Kerntext formuliert und man verfährt ansonsten wie unter 1). Anhand der ovalen Karten können auch Prioritäten für die Entwicklungsschwerpunkte bestimmt werden.

4) **Clustern oder Klumpen**
Vor dem Hintergrund einer gemeinsamen Diagnose formulieren Arbeitsgruppen erste Ideen für Leitsätze bzw. Leitziele und schreiben diese in Stichworten auf Karten. Dann kommen die Gruppen im Plenum zusammen, hängen ihre Karten an die Wände und sortieren diejenigen zusammen, die zusammengehören (»clustern« bzw. »klumpen«). Sie stimmen sie mit den Anwesenden ab und geben jedem Klumpen einen Obertitel in Form eines Leitsatzes.
Es geht weiter wie unter 1).
Die Realisierungsplanung muss sich anschließen.
Einzelne Verfahren können – wie schon deutlich wurde – auch kombiniert werden, z.B. 1) und 4) oder 3) und 4).

5) **Schneeball-Redaktion**
Die besten Erfahrungen haben wir mit einer »Schneeball-Redaktion« gemacht, weil dabei alle Lehrpersonen an der Textarbeit beteiligt werden. Die Idee stammt von Christoph Höfer, einem Schulrat aus Herford. Die Steuer- oder Entwicklungsgruppe entwirft einen sehr knappen Kerntext vor dem Hintergrund einer gemeinsamen Diagnose. Es wird dann eine Pädagogische Klausur veranstaltet.
   – Jede Lehrkraft erhält den Kerntext und soll ihn überarbeiten. Sie hat dafür etwa eine Stunde Zeit.
   – Jede Lehrkraft sucht sich dann eine zweite (in sehr großen Kollegien gleich eine dritte) und überarbeitet den Text im Duo oder Trio.
   – Aus den Duos werden dann Quartette bzw. aus den Trios Sextette. Damit die Heterogenität des Kollegiums frühzeitig beachtet wird, bekommt jedes Duo/Trio ein weiteres zugelost.
   – Schließlich werden auch die Quartette bzw. Sextette verdoppelt, und es entstehen Achter- bzw. Zwölfergruppen.

Am Schluss gibt es zwei, drei, vier oder x Versionen, die aus Oktetten oder Zwölfergruppen stammen, und es geht weiter wie unter 1) beschrieben. Die Realisierungsplanung läuft in diesem Fall parallel, wie das in Kap. 4 anhand des Designs für eine Pädagogische Klausur dargestellt wird.
Wir haben auch gute Erfahrungen damit gemacht, die Einzelarbeit zu überspringen und gleich in Duos oder Trios zu beginnen.

Wir verdanken dem Rektor des Gymnasiums Liestal (bei Basel), Guy Kempfert, den Hinweis, dass die Entwicklungs- bzw. Steuergruppe einer großen Schule das Schneeballverfahren im Vorfeld der Pädagogischen Klausur unter sich üben sollte. Dazu entwerfen ein oder zwei Mitglieder zwei Beispiele für Leitbild- bzw. Schulprogrammtexte. Ein solches Beispiel zeigt Abb. 6.1: Einen Leitsatz mit Erläuterung. Zunächst überarbeitet jedes Mitglied der STG die Formulierungen aus seiner Sicht. Nach etwa 20 bis 25 Minuten sucht sich jeder einen Partner oder eine Partnerin und arbeitet wiederum 20–25 Minuten an einer Gemeinschaftsversion. Schließlich finden sich die Paare zu Quartetten zusammen, um sich auf eine Textfassung zu einigen.

Abb. 6.1 **Übungsbeispiel für einen Leitsatz und Erläuterung**

Wir sorgen für ein gutes Schulklima

Das Wohlbefinden aller an der Schule Tätigen ist uns wichtig. Es hilft auch, die Ziele der Schule leichter zu erreichen.

Wir legen Wert auf respektvollen, vertrauensvollen und wertschätzenden Umgang miteinander. Dies erfordert Toleranz und Bereitschaft zum offenen Gespräch.

Voraussetzung für ein gutes Klima sind motivierte Lehrerinnen, Lehrer, Schülerinnen und Schüler, die aufeinander Rücksicht nehmen, Abmachungen respektieren und gewillt sind, Probleme wahrzunehmen und nach Lösungen zu suchen.

Wir fördern die Fähigkeit, das Leben mit seinen Krisen bestehen und mit seinen Höhepunkten genießen zu können. Dies ist ein Beitrag zur Suchtprävention.

Mit Gemeinschaftserlebnissen im kulturellen, sozialen und sportlichen Bereich fördern wir ein gutes Schulklima.

Auf diese Weise gewinnen die Mitglieder der Entwicklungsgruppe wichtige Erfahrungen für die Gestaltung des Schneeballs mit dem ganzen Kollegium (oder mit Eltern und/oder Schülern). Es hat sich auch bewährt, wenn während der Kollegiumsklausur jeweils ein Mitglied der STG verantwortlich ist für einen Leitsatz und diesen erläutert – und zwar lediglich im Sinne eines Schreibers, der vorformuliert, ergänzt und überarbeitet, wie das der Schneeball erfordert, aber selbstverständlich keine eigenmächtigen Entscheidungen trifft.

Die Ideen für Leitsatzformulierungen speisen sich – wie eingangs ausführlich dargestellt wurde – im Wesentlichen aus den beiden Quellen der Bestandsanalyse/Diagnose einerseits sowie der gemeinsamen Visionen andererseits. Diese Quellen fließen in jeder Schule auf ihre besondere Weise, weshalb sich Leitbilder bzw. Schulprogramme voneinander unterscheiden und auch unterscheiden sollten.

Deshalb macht es keinen Sinn, an dieser Stelle komplett ausformulierte Leitbilder oder Schulprogramme zu präsentieren. Wohl aber vermag eine Abbildung zu inspirieren, die sozusagen das Gerippe eines Leitbildes wiedergibt, das im Grunde aus einer (unvollständigen) Reihe von Merkpunkten besteht (vgl. Abb. 6.2).

Es dient auch der Veranschaulichung, wenn einige ausformulierte Leitsätze abgedruckt werden, die aus verschiedenen Schulen stammen und die einen ganz unterschiedlichen Charakter und Zuschnitt haben.

Beispiele für Formulierungen

- Wir fördern und fordern unsere Schülerinnen und Schüler.
- Wir pflegen und wir fördern die Zusammenarbeit.
- Für uns heißt Lehren nicht ein Fass füllen, sondern ein Feuer entfachen.
- Wir entwickeln eine Rückkoppelungskultur. (Erläuterung: Wir machen uns zur Gewohnheit, häufig Rückmeldungen zu geben. Wir versuchen dabei, Bewertungen zu vermeiden, zumindest unerwünschte und vorschnelle.)
- Wir verfolgen ein anspruchsvolles Konzept des Lernens.
- Wir wollen versuchen so zu handeln, dass für die Schüler immer mehrere Möglichkeiten bleiben.
- Wir engagieren uns stark, schaffen aber auch Raum für Muße.
- Wir wollen lang andauernde Bindungen zwischen Lehrer- und Schülergruppen.
- Unsere Schule praktiziert den Dialog mit Eltern.
- Erziehung zur Teamfähigkeit.
- Wir geben uns und der Öffentlichkeit regelmäßig Rechenschaft.
- Wir bekennen uns zur Gleichwertigkeit von Kopf, Herz und Hand.
- Verstehen ist uns genauso wichtig wie Wissen.

Zur Diktion/zum Stil

Es sollte genau überlegt werden, in welcher Diktion die Leitsätze abgefasst werden. Es kann etwas bewusst festgestellt und dadurch betont werden. Dann beginnen die Leitsätze mit den Worten:

»*Wir sind eine Schule, die …*«

Es kann das Schulverständnis artikuliert und dabei eine Priorität gesetzt werden. Dann lauten die Einleitungsworte:

Abb. 6.2 **Gerippe bzw. Merkpunkte für ein Leitbild**

Bildungsverständnis (Welt- und Menschenbild, Schulphilosophie, ...)

Mitmenschlichkeit (Verständnis für Schüler, für Kollegen, ...)

Gemeinschaftssinn

Soziales Lernen / soziale Kompetenz

Erziehungsziele (Selbstständigkeit, Kreativität, ...)

Didaktik / Unterrichtsmethode

Qualität der Lernergebnisse

Kritisches Denken fördern

Selbstreflexion / Rechenschaft

Zusammenarbeit (zwischen Lehrpersonen, zwischen Schülerinnen und Schülern, zwischen Lehrern und Schülern, mit den Eltern, ...)

Professionalität

Kollegialität

Streitkultur

Schulleitung / Führung

Mitbestimmung und Mitwirkung

»*An unserer Schule (oder in unserem Kollegium) legen wir Wert auf* ...« oder
»*Wir verstehen uns als eine Schulgemeinde, die* ...«

Es kann aber auch etwas für die Zukunft gefordert werden. Dann sind Formulierungen angebracht wie:

»*Wir wollen* ...« oder
»*Wir entwickeln* ...«

Die Sprache sollte klar und unmissverständlich sein und Fachchinesisch vermieden werden. Nicht nur die Lehrpersonen, sondern auch Schüler und Eltern dürfen keine Schwierigkeiten haben, Schulprogrammtexte zu verstehen. Es wäre von Vorteil, die Texte durch grafische Darstellung und/oder ein Logo zu ergänzen. Beim Leitbild ist der bildhafte Charakter nicht zufällig in den Wortstamm eingelassen und vor allem:

Ein Schulprogramm darf nicht mehr als 10 Leitsätze enthalten. Sind es mehr, werden sie vergessen und verliert das Leitbild an Prägnanz. Etwa sieben Leitsätze sind ein guter Orientierungswert, fünf reichen auch.

Das Leitbild als Quintessenz des Schulprogramms soll kommunizierbar sein, nach innen wie nach außen. Und kommunizieren lässt sich nur, was kurz und bündig formuliert ist. Aber in der Kürze liegt nicht nur die Würze: Wo die Sachverhalte kompliziert sind, müssen sie auch differenziert erläutert werden. Deshalb enthalten manche kurzen Leitsätze lange Erläuterungen.

Noch wichtiger als die Form ist allerdings der Prozess: Das Leitbild wird desto eher zum authentischen geistigen Eigentum, je mehr Lehrpersonen mitschreiben.

7. Entwicklungsschwerpunkte und Prioritäten

Nach den bisher beschriebenen Aktivitäten zur Entwicklung eines Schulprogramms – Bestandsaufnahme, Diagnose, Visionsentwicklung, Texterarbeitung – geht es nun darum, aus der Fülle der erarbeiteten Ideen und Vorschläge diejenigen auszuwählen, die die Schule auch umsetzen möchten. Denn: Das Schulprogramm ist kein »deus-ex-machina«, mit dem von heute auf morgen alles von Grund auf verändert werden soll. Hinzu kommt die aus der Innovationsforschung bekannte Tatsache, dass Vorhaben, die zu viel auf einmal verändern wollen, kläglich an der Überkomplexität scheitern. Dies sind pragmatische Argumente, die dafür sprechen, gezielte Prioritätenentscheidungen über die künftigen schulprogrammatischen Entwicklungsschwerpunkte zu treffen.

Darüber hinaus muss nicht alles, was an neuen Ideen und Konzepten formuliert wurde, pädagogisch sinnvoll sein. D.h. auch aus inhaltlichen Gründen ist es wichtig, die bisher herausgearbeiteten Schwerpunkte des künftigen Schulprogramms kritisch zu überprüfen. Denn: Im (sicherlich etwas weit hergeholten) Extremfall könnte es sein, dass ein Kollegium ein Schulprogramm beschließt, das darauf hinausläuft, eine »ausländerfreie« Schule zu sein, die sich zudem durch Elemente autoritärer Pädagogik charakterisieren lässt. Dieses (hoffentlich) sehr fiktive Beispiel soll verdeutlichen, wie wichtig bei der Entscheidung über die künftigen Programmprioritäten neben pragmatischen Gesichtspunkten – Reduktion von Komplexität – pädagogische Inhaltskriterien sind.

Wir schlagen vor, die Prioritätenentscheidungen über die Entwicklungsschwerpunkte vor dem Hintergrund der folgenden vier Prüfkriterien zu treffen:

Erstes Prüfkriterium: Energie und Verantwortung

Ein erstes, eher persönliches Prüfkriterium für die Frage, an welchen Schulprogrammelementen weitergearbeitet werden soll, liegt in den Energien und Kräften, die die einzelnen Lehrer/innen für die Programmumsetzung aufzuwenden bereit sind. Es ist eine Sache, faszinierende Ideen und Vorschläge mit dem Brainstorming und anderen Kreativitätstechniken zu sammeln und darüber zu diskutieren, wie wichtig und attraktiv dies alles für die Schule ist. Eine gänzlich andere Frage ist die danach, wer Verantwortung für eine bestimmte Aufgabe übernimmt. Gerade bei der Schlüsselfrage nach der konkreten Umsetzung ist die – beispielsweise im Aktionsplan schriftlich fixierte und visualisierte – Festlegung von Zuständigkeiten und Verantwortlichkeiten ein Element, das eine bessere Ergebnisorientierung liefert. Finden sich für bestimmte, auch wichtige Tätigkeiten keine Personen, die dafür Verantwortung übernehmen wollen, dann sind diese Tätigkeiten augenscheinlich zurzeit doch nicht so wichtig, als dass jemand dafür Energie aufbringen will. Dabei ist die Bereitschaft, Energie einzusetzen und Verantwortung zu übernehmen, keine statische Größe. Sie kann beispielsweise durch einen gewissen Problemdruck oder eine geradezu »ansteckende« Vision verändert werden. Damit sind wir beim nächsten Kriterium.

Zweites Prüfkriterium: Druck und Zug

Häufig enthält das Schulprogramm Akzente, die auf konkrete Problemsituationen in der Schule antworten. Hiermit ist das Kriterium »Problemdruck« angesprochen, das nach wie vor den bündigsten Ausdruck in dem Anglizismus »No pain, no change« findet. Zu prüfen ist also, ob die vorgeschlagenen Elemente des künftigen Schulprogramms gravierende Missstände, die allen Beteiligten Probleme bereiten, beheben können. Dieser Problemdruck ist sozusagen der »negative« Motivationspol (»Weg von etwas«) für Veränderungen. Dem steht das »positive« Motivationsbündel (»Hin zu etwas«) gegenüber: Eine Neuerung ist so faszinierend, so anziehend, dass ich sie unbedingt erreichen möchte. Dieses Zugmotiv unterliegt häufig den Visionen, die – wie oben gezeigt werden konnte – auch in der Schulprogrammentwicklung eine große Rolle spielen.

Für die Wirksamkeit des Zugmotivs ist es von ausschlaggebender Bedeutung, wie es den Schulprogrammpromotoren (Mitglieder der Entwicklungsgruppe, Schulleitung und andere Energieträger) gelingt, ihre Visionen im Kollegium zu kommunizieren. Dass Visionen »ansteckend« wirken können, ist hinlänglich bekannt. Der Enthusiasmus springt aber nur dann über, wenn die innerschulischen Schlüsselpersonen diese Visionen auch praktisch leben. Dazu kommt, dass Realität und Vision nicht zu weit voneinander entfernt sein dürfen, da sich ansonsten keine kreative Spannung zwischen Ist- und Sollzustand aufbauen kann.

Drittes Prüfkriterium: Die vier S des Erfolgsmanagements

Einerseits enthält ein gelungenes Schulprogramm visionäre Elemente, die nicht von heute auf morgen umsetzbar sind. Andererseits ist es aus Gründen der Motivation der Lehrer/innen sehr wichtig, mit Vorhaben zu beginnen, die in realistischen Zeitspannen zum Erfolg führen. Mit anderen Worten: Kurzfristig angelegte Projekte schließen den großen Wurf nicht aus, im Gegenteil: Nur mit Teilerfolgen in kleinteiligen Vorhaben kann die Motivation für die großformatigen Entwürfe aufrechterhalten werden. Als Prüfkriterium haben sich – auch in unserer Fortbildungstätigkeit – die vier S des Erfolgsmanagements bewährt. Demnach sollten Teilvorhaben so angelegt sein, dass sie

1) Schnelle Erfolge ermöglichen: Dies bedeutet, dass sich erste Erfolge mindestens in einem Schuljahr, vielleicht sogar in einem Schulhalbjahr einstellten sollten.
2) Sichere Erfolge ermöglichen: Dies bedeutet, mit Vorhaben zu starten, von denen man relativ sicher ist, dass sie auch klappen dürften. Diese Sicherheit hat man u.a. dann, wenn an diesen Vorhaben keine externen Partner beteiligt sind.
3) Sichtbare Erfolge ermöglichen: Wenn sich die Projekte in der Schule »materialisieren«, schafft dies zusätzliche Motivation. Ein heruntergekommener Schulhof oder ein ungemütliches Lehrerzimmer werden wieder hergerichtet – dies wären Beispiele für sichtbare Erfolge.
4) Stärken statt Schwächen berücksichtigen: Gruppen können sich nicht über ständige Misserfolge (»Schwächen«) motivieren. Es ist aus Gründen der Motivierung der Lehrer/innen überaus wichtig, die Stärken herauszuarbeiten.

Darüber hinaus empfehlen wir, die Erfolge auch entsprechend zu würdigen und nicht einfach »zur Tagesordnung überzugehen«: Erfolge sollten also wirklich gefeiert werden. Dies gilt auch für Zwischenschritte und Teilerfolge.

Viertes Prüfkriterium: »Sinn« oder »Geist der Richtlinien«

Schließlich stellt sich die inhaltliche Frage nach den pädagogischen Kriterien der Schulprogrammentwicklung: Nicht alles, was an Programmschwerpunkten diskutiert wird, kann im Lichte pädagogischer Kriterien überzeugen. Allgemein geht es bei diesem Prüfkriterium darum, die Schulprogramminhalte und Einzelvorhaben auf ihre Übereinstimmung und Passung mit den übergeordneten Erziehungszielen zu hinterfragen. Eine relativ »pragmatische« Möglichkeit dies zu tun, sehen wir in der pädagogischen Reflexionsmatrix, die wir bereits im Kap. 4 (Pädagogische Konferenz) vorgestellt haben. In dieser Matrix werden pädagogische Prüfkriterien wie beispielsweise »Individuelle Förderung des einzelnen Schülers«, »Erziehender Unterricht« oder »Lebensweltbezug« formuliert.

Jedes Vorhaben des Schulprogramms kann mit Hilfe dieser Matrix kritisch eingeschätzt werden. Auf diesem Wege wäre es vor allem möglich, pädagogisch sehr fragwürdige Projekte zu stoppen. Darüber hinaus kann für jedes Teilvorhaben der pädagogische Gehalt überprüft werden.

Sollten wir eine Gewichtung der vorgestellten vier Prüfkriterien vornehmen, halten wir das letztgenannte nahe liegend für das wichtigste. Schließlich ist das Schulprogramm ein pädagogisches Konzept, das von daher auch zunächst pädagogischen Kriterien standhalten muss. Dennoch sehen wir auch die pragmatischen, planerischen Kriterien der vier S als wichtig an: Was nützt das schönste, stimmigste pädagogische Konzept, wenn realistische und motivierende Umsetzungsschritte fehlen? Ähnlich dürfte es sich mit dem Engagement der Kolleginnen und Kollegen verhalten: Auch hier blieben die tollsten Ideen »papieren«, wenn sich keine »Energieträger« finden, die sich bereit erklären, sie umzusetzen. Dass Problemdruck ein wichtiges Veränderungsmotiv ist, versteht sich fast von selbst. Auch wenn wir diese Kriterien für wichtig halten, um die Schulprogrammvorschläge kritisch zu reflektieren, sind wir nicht der Meinung, dass alle Einzelelemente des Schulprogrammes immer allen vier Kriterien genügen müssen.

Wir denken, dass das vierte Prüfkriterium des pädagogischen Sinnes gewissermaßen ein »Muss« darstellt, auf das nicht verzichtet werden sollte. Die Frage der Erfolgsorientierung gilt zwar für Teilprojekte, darf aber nicht dazu missbraucht werden, visionäre Schulprogrammvorstellungen, die längere Umsetzungszeit benötigen, kleinlich zu zerreden. Wahrscheinlich bedarf es keines längeren »Prüfens«, wenn Schulprogrammprojekte an von allen Beteiligten als sehr kritisch empfundenen Situationen ansetzen. Schließlich dürfte die Weiterarbeit am Schulprogramm mit der Beantwortung der – letztlich – entscheidenden Frage nach der Implementation »Wer macht es?« stehen und fallen. Wenn auch die vier Kriterien wichtig sind, so bleibt es den Schulen überlassen, welche sie stärker bei der Entscheidung für künftige Prioritäten akzentuieren. Hier gilt das bereits genannte Prinzip des »Maßschneiderns«.

8. Verabschiedung und Umsetzung

Ein Schulprogramm sollte in offizieller Form verabschiedet werden in den dafür zuständigen Gremien: der Lehrerkonferenz und der Schulkonferenz. Nur dann erhält es die notwendige Verbindlichkeit und Ernsthaftigkeit. Und nur dann besteht eine gewisse Sicherheit, dass es nicht im Bermudadreieck des Vergessens verschwindet, welches so manche Schulen kennzeichnet.

Etliche Länder schreiben den Schulen per Gesetz vor, dass sie das Schulprogramm zu verabschieden haben und welche Gremien dafür vorgesehen sind. Meistens ist damit auch die Auflage verbunden, das Schulprogramm von der Schulaufsicht genehmigen zu lassen. Liberale Lösungen (z.B. in NRW und Schleswig-Holstein) sehen lediglich vor, dass Schulen ihr Schulprogramm mit der Schulaufsicht bereden.

Die Entwicklungs- bzw. Steuergruppe sollte bis zur Verabschiedung des Schulprogramms und auch der ersten Entwicklungsschwerpunkte in Funktion bleiben. Sie sollte Änderungsvorschläge entgegennehmen und soweit wie möglich berücksichtigen.

Die Abstimmung über ein Schulprogramm sollte in jedem Fall geheim erfolgen, damit niemand unter Druck gesetzt wird, einem Programm zuzustimmen, das sie oder er ablehnt. Eine bisher wenig erörterte Frage bezieht sich auf die Mehrheiten, die für eine wirkliche Akzeptanz des Schulprogramms durch das Kollegium nötig sind. Wir denken, dass bis zu 10% Gegenstimmen hingenommen werden können und vielleicht auch müssen. Denn würde man völlige Einstimmigkeit anstreben, müsste man auch versuchen, den »gegenteiligsten«, »schrulligsten« oder »abwegigsten« Einwand zu berücksichtigen, was das Schulprogramm mit großer Wahrscheinlichkeit verwässern würde in dem Sinne, dass man sich auf leere Worthülsen einigt, die alles umfassen, aber nichts Konkretes mehr bedeuten. Wer während der Schulprogrammarbeit feststellt, dass er in dieses Kollegium nicht hineinpaßt, der sollte das Recht nutzen dürfen, sich von dieser Schule wegzubewerben an eine andere mit einem Schulprogramm, das ihm mehr zusagt.

Für die Abstimmung sollten in jedem Fall zwei Runden bzw. Lesungen vorgesehen werden. Bei der Ersten sollte der »gemeinsame Grund« festgestellt und die Stellen deutlich werden, an denen noch gearbeitet werden muss – bis zur zweiten und im Notfall auch bis zur dritten Lesung.

Wir können dem Prinzip »große Ideen (im Leitbild) und kleine Schritte« (bei der Umsetzung) zustimmen, weisen aber noch einmal darauf hin, dass sie nicht auseinander fallen dürfen. Deshalb empfehlen wir nicht nur, das Schulprogramm und den ersten Schritt seiner Umsetzung in einem Zug (uno actu) zu erarbeiten, sondern auch in einem Zug zu verabschieden. Über die Entwicklungsschwerpunkte könnte mit dem Schulprogramm abgestimmt werden, spätestens jedoch in der Sitzung unmittelbar danach.

Abb. 8.1. zeigt drei prinzipiell mögliche und bereits auch bewährte Wege der Umsetzung. Weg A beruht auf dem Umstand, dass ein Kollegium eine Mehrzahl von Ideen für Entwicklungsschwerpunkte hervorgebracht und (in unserem Beispiel)

Abb. 8.1 **Umsetzungswege eines Schulprogramms**

A. Entwicklungsschwerpunkte

1) Z.B.: Methodentraining

2) Wachsende Schule / Begrenzung der Schülerzahl?

3) Licht und Farbe im Schulhaus

4) Kulturkonzept

5) Fächerübergreifender Unterricht

6) Lehrerzusammenarbeit

B. Jahresarbeitspläne

C. Vereinbarungen

sechs davon durchgeplant hat in Form von Machbarkeitsstudien (z.B. mit dem W-Planungsraster, vgl. Kap. 8.2). Die Machbarkeitsstudien werden verschriftlicht und allen Kollegiumsmitgliedern zugestellt. In der Lehrerkonferenz wird dann entschieden, welcher Entwicklungsschwerpunkt im nächsten Schuljahr tatsächlich angepackt wird. Mehr als einen Schwerpunkt sollte ein Kollegium nicht in Angriff nehmen, wenn es sich nicht zusätzlich belasten will, höchstens zwei. In unserem Beispiel hat sich das Kollegium in der Tat für zwei entschieden, die auf Abb. 8.1 umkringelt sind. Der Schwerpunkt »Licht und Farbe im Schulhaus« wurde kurzfristig realisiert unter Mithilfe der Schüler. Das war eine kluge Strategie. Der Aufwand war nicht allzu groß, das Ergebnis rasch (in vier Monaten) zu realisieren und der Erfolg buchstäblich vor aller Augen! Das machte Mut, auch einen viel schwierigeren zweiten Entwicklungsschwerpunkt anzupacken.

Weg B ist der schwedische Weg. In Schweden entwerfen die Schulen jährlich einen Arbeitsplan, der zumeist mehrere Ideen und Vorstellungen des Schulprogramms anklingen lässt und zu realisieren versucht. So könnte beispielsweise eine Projektwoche zum Schulprogramm durchgeführt oder ein entsprechendes Jahresthema ausgewählt werden. Jahrespläne enthalten üblicherweise auch »kleingearbeitete« Jahresziele.

Weg C ist der offenste. Er sieht vor, dass das Kollegium zu Aspekten des Schulprogramms mit sich selbst Vereinbarungen trifft. Eine Sonderschule für Lernbehinderte mit dem Leitsatz »verbesserte Schülerorientierung« hat z.B. vereinbart, dass jeder Lehrer der Schule den Namen jedes Schülers kennen lernen sollte. Solche Vereinbarungen können auch zwischen Leitung und Kollegium geschlossen werden, dann entstehen gleichsam Führungsgrundsätze, oder zwischen Leitung und Fachgruppen oder Eltern und Kollegium.

Für die Umsetzung bzw. Realisierung des Schulprogramms ist in erster Linie die Schulleitung zuständig. Diese sollte entscheiden, ob sie zur Unterstützung eine Steuergruppe heranzieht, die vom Kollegium zu ergänzen bzw. bestätigen wäre, ob sie eine Begleitgruppe beruft oder (z.B. als erweiterte Schulleitung) allein dafür verantwortlich sein möchte.

8.1 Widerstände und Konflikte

Dass Widerstand der siamesische Zwilling von Veränderung ist, scheint mittlerweile fast so etwas wie eine Binsenweisheit zu sein. Fast ebenso trivial ist die Beobachtung, dass es uns sehr viel leichter fällt, Veränderungswünsche an andere heranzutragen als bei uns selbst zu beginnen. Ein passender Anglizismus drückt diese Veränderungsresistenz drastisch so aus: »Nobody likes change – except a wet baby.« Weil dies so ist, müssen die aktiven Verfechter der Schulprogrammidee in aller Regel mit Widerstand rechnen. Obwohl wir uns möglicherweise komfortabler fühlen, wenn sich keine Opposition zeigt, könnte dies eine trügerische (Friedhofs-)Ruhe sein. Klaus Doppler und Christoph Lauterburg, zwei erfahrene Berater und erfolgreiche Autoren, warnen in dieser Situation: »Nicht das Auftreten von Widerständen, sondern deren Ausbleiben ist Anlass zur Beunruhigung« (Doppler/Lauterburg 1995, S. 302).

Wir möchten zum konstruktiven Umgang mit Widerständen einige bewährte Orientierungslinien weitergeben; ferner werden wir einige Hinweise zur Konfliktbewältigung geben.

Ausgehend von der Tatsache, dass Widerstand auf den ersten Blick nicht leicht zu erkennen ist, haben Doppler und Lauterburg den folgenden Systematisierungsversuch unternommen (aus: Doppler/Lauterburg 1995, S. 296, vgl. Abb. 8.1.1, S. 80).

Das Schaubild verdeutlicht die sehr unterschiedlichen Ausprägungen, die Opposition annehmen kann: Von offensiv vorgetragenem Widerspruch über relativ ungerichtete Aktivitäten wie Gerüchten oder Intrigen bis hin zu passiven Widerstandsformen der inneren Kündigung oder gar Flucht in Krankheit. Wir werden uns an dieser Stelle im Wesentlichen mit den aktiven Varianten von Opposition beschäftigen. Zu diesen Widerstandsformen liegen – aus der diesbezüglichen Forschung – mehr anleitende Hinweise vor als zu den sicherlich schwieriger zu bearbeitenden verdeckten, passiven Reaktionen gegenüber Innovationen.

Abb. 8.1.1 **Allgemeine Symptome für Widerstand**

	verbal *(Reden)*	non-verbal *(Verhalten)*
aktiv *(Angriff)*	Widerspruch *Gegenargumentation* *Vorwürfe* *Drohungen* *Polemik* *Sturer Formalismus*	Aufregung *Unruhe* *Streit* *Intrigen* *Gerüchte* *Cliquenbildung*
passiv *(Flucht)*	Ausweichen *Schweigen* *Bagatellisieren* *Blödeln* *Ins Lächerliche ziehen* *Unwichtiges debattieren*	Lustlosigkeit *Unaufmerksamkeit* *Müdigkeit* *Fernbleiben* *Innere Emigration* *Krankheit*

Widerstand ist Energie

Damit die Schulprogrammarbeit auf eine personell möglichst breite Basis gestellt werden kann, ist bei den Projektpromotoren (Schulleiter/innen, engagierte Kolleginnen und Kollegen) ein Perspektivenwechsel notwendig. Vielfach scheint es ja so zu sein, dass Widerstand gegen als sinnvoll erachtete Innovationen (aus der Sicht der Vorschlagenden) abqualifiziert und »in die Ecke gestellt« wird; die widerständigen Personen werden möglicherweise noch als faul und uneinsichtig diffamiert. In diesem mentalen »Defizitmodell« ist es dann nur konsequent, die Widerstände herunterzuspielen, so zu tun, als gebe es sie nicht, oder aber sie schlichtweg zu unterdrücken. Eine deutlich andere Bewertung erfährt Widerstand, wenn man ihn »positiv« als ein Signal sieht, das auf neuralgische Punkte in einem Veränderungsprozess wie der Schulprogrammentwicklung hinweist. Mit diesem Perspektivenwechsel ist bereits der wichtigste Schritt zum konstruktiven Umgang mit Widerstand getan: Opposition wird dann nicht als etwas begriffen, das einfach dagegen sein bedeutet, sondern als etwas, das auf Energien hinweist, die die Veränderung beeinflussen wollen. Mit Widerstand bewusst umgehen heißt dann, diese Energien für die gemeinsame Gestaltung der Innovation nutzbar zu machen.

Dass Widerstand Energie darstellt, lässt sich u.a. an der jedem geläufigen Erfahrung verdeutlichen, dass Opponenten später häufig zu den eifrigsten (manchmal allerdings auch übereifrigen) Projektpromotoren werden, wie die Geschichte von Konvertiten zu zeigen weiß. Für den hier beschriebenen Wahrnehmungswechsel von Widerstand könnte auch die folgende Metapher stehen: »Ein Vorhaben ohne Widerstand ist wie ein Fluss ohne Ufer.«

Der Widerstand liegt in mir

Die Wahrnehmung von Widerstand ist nahe liegend sehr subjektiv: Es hängt sehr stark von meinen Annahmen und »mentalen Modellen« (P. Senge) ab, was ich als Opposition und was als konstruktiven Beitrag empfinde. Diese unterschiedliche Wahrnehmung hat sehr viel mit der Verarbeitung subjektiver Lernerfahrungen zu tun: Es macht eben einen Unterschied, ob ich bereits durch den Fluss gegangen bin und nun mit getrockneten Füßen vom anderen Ufer herüberrufe, das sei alles kein Problem. Was wir häufig in unserer Rolle als Projektpromotoren (also als Schulleiterin oder Projektteammitglied) zu übersehen geneigt sind, ist: Die Zeit, die ich zum Lernen hatte, hatte der andere noch nicht.

Will ich die Energie, die im Widerstand zweifellos steckt, sinnvoll aktivieren, muss ich den Opponenten auch entsprechende Lerngelegenheiten geben. Dies setzt auf Seiten der Projektbefürworter ein gewisses Maß an Geduld und Frustrationstoleranz voraus. Als Resümee schreiben Doppler und Lauterburg: »Das gefährlichste Hindernis liegt nicht im Widerstand der Betroffenen – sondern in der gestörten Wahrnehmung und Ungeduld der Planer und Entscheider« (Doppler/Lauterburg 1995, S. 303). Diese eher allgemeinen Orientierungshilfen zum konstruktiven Umgang mit Widerstand, die auch bei der Schulprogrammarbeit berücksichtigt werden sollten, ergänzen wir um vier »Regeln« zum konstruktiven Umgang mit Widerstand.

Erste Regel: Offensive Information, offene Kommunikation

In den meisten Fällen speist sich die Opposition gegen Neuerungen aus relativ »starken« Gefühlen: Sie äußern sich als Befürchtungen, Vorbehalte und Ängste. Die Ursachen für die bekundeten Widerstände liegen oftmals im emotionalen Bereich, mithin im verdeckten Teil des »organisatorischen Eisbergs«, was eine produktive Auseinandersetzung damit nicht leicht macht. Denn üblicherweise versuchen wir, dem Widerstand auf der scheinbar »sicheren Seite« der Sachebene zu begegnen. Wichtig scheint es daher zunächst zu sein, auch beim Umgang mit Opposition – wie bei anderen sozialpsychologischen Phänomenen – die Inhalts- und Beziehungsebene im Blick zu haben. Konkreter heißt dies, soviel wie möglich zu unternehmen, um aufkommende, aber unnötige Ängste abzubauen. Hiermit wird keine Therapieveranstaltung propagiert; schließlich sind die wenigsten Menschen geschult im Umgang mit Existenzängsten oder anderen übersteigerten Angstformen wie Phobien u.Ä.m. Unnötige sozusagen von jedermann »bearbeitbare« Ängste haben sehr viel zu tun mit Fehlinformationen, Gerüchten und Spekulationen, die sich um die Einführung von Neuerungen ranken. Wenn dann auch noch externe Berater die Veränderungen moderieren, kann es zu absurden Ängsten bzw. Vorbehalten kommen, wie sie sehr drastisch Chris Argyris in einem seinerzeit vielbeachteten Aufsatz über die »unerwarteten Folgen ›strenger‹ Forschung« am Beispiel eines Industrieprojektes beschrieben hat:

> »*In manchen Fällen wurde die Angst noch verstärkt durch informelle Frotzeleien zwischen den Angestellten und durch Diskussionen über das Forschungsvorhaben: Wer geht als Erster zu den Kopfschrumpfern? Ich habe gehört, sie legen dir ein nasses Handtuch auf den Kopf und bearbeiten dich mit Stromstößen, um zu sehen, ob du auch nicht lügst. Sie haben einen dabei, der kann Gedanken lesen*« (Argyris, C.: Über die unerwarteten Folgen »strenger« Forschung. In: Gruppendynamik, H. 2/1972, S. 13).

Dieses möglicherweise auch belustigende Beispiel kann zeigen, inwieweit Veränderungen in der Tat mit Vorbehalten und teilweise absurden Gerüchten befrachtet werden können. Der erste Schritt im Umgang mit diesen unnötigen Befürchtungen liegt in dem Wissen darum, dass die Vorstellung neuartiger Vorhaben (wie etwa ein Schulprogramm) sehr häufig zu Unklarheiten und Missverständnissen führt. Daraus folgt: Widerstände können abgebaut werden, je mehr unternommen wird, die Missverständnisse und Fehlinformationen auszuräumen. Die Botschaft aus Erfahrungen mit Neuerungen im Profit- wie auch Non-Profit-Bereich ist eindeutig: Innovationen verlangen eine offensive und transparente »Informationspolitik«. Wichtig scheint es zu sein – aus der Sicht der Projektpromotoren – eher zu viel als zu wenig Informationen weiterzugeben. Denn: Fehlende Informationen schaffen Unsicherheit.

Dass dies auch eine Führungsaufgabe ist, heben Doppler und Lauterburg hervor: »Kommunizieren ist der Job der Führung« (Doppler/Lauterburg 1995, S. 305). Sie verweisen darüber hinaus auf den Zusammenhang zwischen erfolgreicher Kommunikation und Information und gelungener Umsetzung von Neuerungen: »Sobald aber irgendwelche Veränderungen ins Haus stehen, steigt der Kommunikationsbedarf enorm an: Das Tagesgeschäft muss störungsfrei weiterlaufen, gleichzeitig und parallel dazu aber müssen Innovationen vorbereitet und umgesetzt werden. (...) Qualifizierte Kommunikation wird zum entscheidenden Erfolgsfaktor« (a.a.O., S. 306).

Zweite Regel: Den Widerstand ernst nehmen

Wie oben angedeutet ist es wichtig, Widerstand ernst zu nehmen, ihn als Energie aufzufassen. Darüber hinaus sollte Widerstand als eine Art von »Frühwarnsystem« verstanden werden. Oftmals stehen einzelne Opponenten ja für repräsentative Gruppen im Kollegium, deren Bedürfnisse beachtet werden sollten. Denn:

> »*Widerstand zeigt an, dass die Voraussetzungen für ein reibungsloses Vorgehen im geplanten Sinne nicht bzw. noch nicht gegeben sind. Verstärkter Druck führt lediglich zu verstärktem Gegendruck*« (Doppler/Lauterburg 1995, S. 302).

Wichtig scheint es im Sinne offener, rollender Planung zu sein, sowohl das Vorhaben als auch meine bisherige Rolle und Vorgehensweise als Projektpromotor zu überdenken und ggf. zu revidieren. Dieses Einlegen von »Zwischenstops« zur neuen und gemeinsamen Kursbestimmung verhindert, dass sich Projekt und Projektpromotoren zu weit vom übrigen Kollegium entfernen.

Dritte Regel: Die Energie aufnehmen

Dies dürfte die Hauptbotschaft aller Empfehlungen zum konstruktiven Umgang mit Opposition sein. Allerdings ist dieses »Mit dem Widerstand gehen« sicherlich nicht immer leicht umzusetzen. Allgemein ist zunächst wiederum Doppler und Lauterburg zuzustimmen, wenn sie schreiben: »Die unterschwellige emotionale Energie muss aufgenommen – d.h. zunächst einmal ernst genommen – und sinnvoll kanalisiert werden« (a.a.O., S. 302). Dieses »Ernstnehmen« bedeutet aus unserer Sicht zweierlei: Erstens sollte man von der sicherlich nicht immer durchzuhaltenden Annahme ausgehen, dass mein Gegenüber genauso gute Absichten und hehre Motive hat wie ich selbst. Diese Annahme setzt allerdings ein hohes Maß an Selbstmanagement (»personal mastery«, Senge) und Souveränität voraus. Und zweitens sollte Verständnis für Opponenten diesen gegenüber auch offen gezeigt werden – im direkten Feedback im Zweiergespräch oder »öffentlich« – etwa in der Lehrerkonferenz. Denn es macht offensichtlich einen gewaltigen Unterschied, ob ich die Gegenargumente persönlich sehr gut nachvollziehen kann oder ob ich dies auch der anderen Seite kundtue.

Darüber hinaus bedeutet die Regel »Die Energie aufnehmen«, dem Widerstand auch Raum zur Artikulation zu geben; allerdings sollte man hier mit sehr viel Fingerspitzengefühl zu agieren versuchen: Es wäre fatal, wenn die Opponenten die »Bühne« nunmehr ganz für sich hätten und die Schulprogrammakteure mit der »Kulisse« vorlieb nehmen müssen. Wichtig scheint es zu sein, dass Schulprogrammgegner und -befürworter in einen Dialog eintreten, um mögliche Ursachen und daraus folgende Gründe für die potentielle Verweigerung zu erkunden. Danach müssten neue Absprachen getroffen werden. Dies entspricht einem Verständnis, das für eine Revision der Ziele und/oder Mittel, die durch unerwartete Erfahrungen veranlasst werden können, offen ist.

Vierte Regel: Entwicklung einer Vertrauenskultur

Aus der diesbezüglichen Forschung ist bekannt, dass Widerstände geringer werden, je mehr die Betroffenen Verständnis, Vertrauen, Unterstützung und Anerkennung für ihre Arbeit erfahren. Naheliegend dürfte sich in einem vertrauensvollen Klima der gegenseitigen Unterstützung mehr Energie für die Umsetzung von Neuerungen – wie es ein Schulprogramm darstellt – aktivieren lassen. Letztlich scheint ein wichtiger Faktor für die Herausbildung von Widerstand die jeweilige Schulkultur zu sein: Eine »Vertrauenskultur« ist sicherlich ein fruchtbarerer Nährboden gemeinsamer Schulprogrammentwicklung als eine »Misstrauenskultur«.

»Gemeinsame Leistungsziele, Lob für Erfolge, gutes Betriebsklima (..) sowie vertrauensvolle Zusammenarbeit sind nicht nur wirkungsvolle Waffen gegen Fehlzeiten, sondern auch Basis für Leistungsmotivation« – so resümierte kürzlich die Süddeutsche Zeitung eine aktuelle Studie zu betrieblichen Fehlzeiten (SZ vom 7./8. Juni 1997). Sowohl die zentralen Aussagen als auch die Überschrift des Artikels lassen sich eins-zu-eins auf die Schule übertragen. Der Artikel war überschrieben mit: »Ursache Chef«. Für das schulische Betriebsklima ist der Führungsstil der Schulleitung ein entscheidender Faktor. Wird hier eher dialogisch mit Vertrauensvorschuss und Fehlertoleranz geführt oder wird – ganz im Sinne eines erstarrten Systems – ein misstrauisches Kontrolldenken praktiziert, das Fehler streng sanktioniert – dies dürfte große Unterschiede bei der Arbeit am Schulprogramm und dem möglichen Widerstand dagegen machen. Heinz Rosenbusch, Bamberger Organisationspädagoge und Schulleitungsexperte, ermuntert Schulleitungen daher mit Recht in ihren Kollegien zur »Schatzsuche statt Defizitfahndung«.

Konflikte als Entwicklungschancen

Nachdem wir uns relativ ausführlich mit den Widerständen, die bei der Schulprogrammarbeit auftreten können, beschäftigt haben, wollen wir uns zum Abschluss dieses Kapitels mit einer weiteren Schwierigkeit, nämlich dem Auftreten von Konflikten befassen. In der Literatur findet sich die Unterscheidung von bis zu 60 unterschiedlichen Konfliktarten: Die vorgestellte Bandbreite reicht von intrapsychischen Konflikten (in einer Person) bis zu kriegerischen Konflikten zwischen Staaten oder Volksstämmen. Wir meinen, dass in Schulen im Wesentlichen vier Konfliktformen auftreten, die auch die Schulprogrammarbeit beeinflussen können:

- Verteilungskonflikte: Dies meint nicht nur – in Zeiten der Budgetierung – Auseinandersetzungen um die knapper werdenden Finanzmittel und andere materielle Ressourcen. Hiermit sind auch Konflikte um »gerechte« Stundenpläne oder Lehrereinsatzpläne angesprochen.
- Autonomiekonflikte: In der schulischen Individualkultur (»Lehren ist eine einsame Tätigkeit«) wird sehr genau auf die Einhaltung der Autonomiespielräume geachtet. Schulprogrammentwicklung, die auch immer nach Teamentwicklung verlangt, könnte hier zusätzliche Konflikte hervorrufen.
- Ziel- und Wertekonflikte: Welchen Zielen eine gute Schule verpflichtet ist, sieht jede Lehrperson – nach Maßgabe ihres persönlichen Wertekataloges – möglicherweise anders. Bei notwendigen Zielklärungsprozessen kann es daher zu grundlegenden Wertekonflikten kommen.
- Kommunikationskonflikte: Es ist sicherlich eine banale Beobachtung, dass Konflikte häufig aus Missverständnissen entstehen, die sich zu echten Konflikten »hochschaukeln« können. Diese Konflikte erwachsen in vielen Fällen auch durch »misslungene«, unprofessionelle Formen der Kommunikation.

Schulische Verteilungs- und Autonomiekonflikte dürften besser lösbar sein (oder erst gar nicht aufkommen), wenn im Rahmen der Schulprogrammentwicklung verstärkt gemeinsame Absprachen und Zielvereinbarungen formuliert werden. So sind uns beispielsweise »budgetierte« Schulen bekannt, die dadurch Transparenz in die Verteilung der eigenen Mittel gebracht haben, indem jeder Abteilung (in berufsbildenden Schulen) Finanzmittel zur eigenen Verwendung gegeben werden. Diese Form dezentraler Ressourcenverwaltung und -verantwortung funktioniert relativ konfliktfrei allerdings nur dann, wenn in einem abteilungsübergreifenden Gremium (»Budgetausschuss«) eine gerechte Mittelvergabe gewährleistet ist.

Dass pädagogische Ziele immer wieder neu geklärt werden müssen, also nicht einfach verordnet werden können, ist bekannt. Zahlreich sind von daher die vorliegenden Verfahren und Übungen zur pädagogischen Zielklärung: Vorgehensweisen dazu wurden weiter oben (»Erarbeitung einer gemeinsamen Vision«, Kap. 5) beschrieben.

Vielleicht könnte als Motto für die vielfach auftretenden Kommunikationskonflikte gelten: »Wir reden nur miteinander, weil wir uns nicht verstehen«. Modelle gelungener Kommunikation sind ausführlich u.a. in den Büchern von Schulz von Thun (1993) beschrieben worden. Wir beschränken uns auf drei Hinweise, die gelungene Kommunikation beschreiben und damit Konflikte vermeiden können oder aber besser besprechbar machen.

Drei Hinweise zur Metakommunikation

Wenn auch viele Leser/innen dieses Arbeitsbuchs über Grundfertigkeiten und/oder Kenntnisse gelungener Kommunikation verfügen dürften, möchten wir an drei praktische Hinweise erinnern, die u.E. zur kommunikationspsychologischen »Grundausstattung« jedes Schulentwicklers gehören. Sie beruhen im Wesentlichen auf den Theorien der Kommunikationspsychologie von Schulz von Thun (1993) einem Ansatz, der sich in unseren Trainingsveranstaltungen zum Konfliktmanagement gut bewährt hat.

Erster Hinweis: Ich-Botschaften (statt elterliche Du-Botschaften)

Es dürfte hinlänglich bekannt sein, dass das A und O gelungener Kommunikation in der Formulierung von Ich-Botschaften besteht. In einem etwas längeren (mancher Leserin) bekannten Schlüsselzitat aus den nach wie vor empfehlenswerten Büchern von Schulz von Thun wird das besonders deutlich:

> *»Durch die Ich-Botschaft gibt man etwas von dem eigenen Innenleben preis. Die Ich-Botschaft steht im Gegensatz zur ›Du-Botschaft‹, bei der eine Aussage über den anderen gemacht wird. Meistens findet hier ein blitzschneller Übersetzungsvorgang statt, bei dem eigene Gefühle (z.B.: ›Ich fühle mich übergangen‹) in Beschreibungen*

> *über den anderen (z.B.: ›Du bist rücksichtslos‹) überführt werden. Dies hat nicht nur den Nachteil, dass der andere sich angegriffen fühlt und in dem Wunsch nach Rehabilitation zur konstruktiven Problemlösung unfähig wird, sondern entfernt auch den Sender von sich selbst und seiner inneren Klarheit«* (Schulz von Thun 1993, S. 79f.).

Auf Konfliktmanagement bezogen: Mit einer elterlichen Du-Botschaft (»du sollst ...«) etc. füge ich ungewollt einem Konflikt einen weiteren hinzu, was in meinem Gegenüber keineswegs die Bereitschaft weckt, sich auf den primären Konflikt einzulassen.

Abb. 8.1.2 beschreibt die drei Schritte, die eine konfliktvermeidende, »sozialverträgliche« Ich-Botschaft umfasst.

Zweiter Hinweis: Aktives Zuhören

Beim aktiven Zuhören kommt es wesentlich darauf an, die vielfach vorhandene Bewertungsmentalität abzubauen: »Aktives Zuhören bedeutet, sich in die Gefühls- und Gedankenwelt des Senders nicht-wertend einzufühlen« (a.a.O., S. 57). Empathie oder – um es in einem neueren Bestsellertitel auszudrücken – »emotionale Intelligenz« (Goleman) beschreibt die Fähigkeit, das aktive Zuhören zu praktizieren.

Dritter Hinweis: Konstruktives Feedback geben

In unserer Konfliktgesprächsführung haben sich vier Ks konstruktiven Feedbacks bewährt. Gelungenes Feedback sollte so angelegt werden, wie es Abb. 8.1.3 zeigt.

Abschließend stellen wir ein Phasenmodell der Konfliktgesprächsführung vor, das sich in unseren diesbezüglichen Trainings sehr bewährt hat.

Phasen der Konfliktgesprächsführung

Gesprächsvorbereitung

Bevor ein brisanter Konflikt in einem Gespräch geklärt werden soll, muss sich die Einzelperson über den Gesprächsverlauf und in besonderer Weise über das Gesprächsziel klar werden. Fragen, die derjenige, der den Konflikt besprechen möchte, vorher für sich beantworten sollte, können etwa die Folgenden sein:

- Wie erlebe ich diesen Konflikt mit diesem Partner?
- Was genau stört mich?
- Welche Beziehung habe ich zu diesem Partner?
- Welche Beziehung habe ich zum Thema des Konflikts?
- Was will ich in diesem Gespräch erreichen?

Abb. 8.1.2 **Struktur einer Ich-Botschaft**

1. Ich beschreibe, wie ich den Konflikt erlebe (»Ich empfinde, nehme wahr, ...«); d.h. ich schildere meine äußere und innere Wahrnehmung.
2. Ich beschreibe die Bedeutung und die Konsequenzen, die der Konflikt für mich persönlich hat (»Dies bedeutet für mich ...«).
3. Ich formuliere meinen Wunsch, mit der beteiligten Person an einer Lösung zu arbeiten (»Deswegen schlage ich vor ...«).

Abb. 8.1.3 **Konstruktives Feedback**

1.	**Konkret**	Verhalten beschreiben, nicht interpretieren
2.	**Kurz**	Knapp und präzise beschreiben
3.	**Kurzfristig**	Rückmeldepromptheit
4.	**Konstruktiv**	Negatives und positives Feedback ausbalancieren

Vorgespräch mit dem Konfliktpartner

In einem ersten Gespräch geht es darum, die andere Person für ein Konfliktgespräch zu motivieren und zu öffnen. Dass ich dies nicht erreiche, indem ich »mit der Tür ins Haus falle«, dürfte klar sein. Letztlich orientiert sich die Gesprächsöffnung an der Struktur der Ich-Botschaft. Daher sollte zunächst der Konflikt beschrieben werden, wie er von mir selbst erlebt wird: D.h. ich schildere meine äußere und innere Wahrnehmung. Sodann sollten die persönlichen und beruflichen Konsequenzen geschildert werden: D.h. ich beschreibe, was dieser Konflikt für mich persönlich bedeutet. Und schließlich sollte der Wunsch nach einem Konfliktlösungsgespräch formuliert werden. Ergebnis dieses Schritts sollte die Verabredung sein, ein ausführliches Gespräch darüber zu führen.

Gesprächsverlauf

Zu Beginn des Gesprächs sollte der Konfliktpartner die Gelegenheit haben, nun seinerseits zu schildern, wie er diesen Konflikt erlebt. Dabei sollte der Gesprächsinitiator zuhören, nicht unterbrechen und zu verstehen versuchen. Gemeinsam kann dann versucht werden, die Konfliktstruktur herauszuarbeiten, was auch die Herausarbeitung von Unterschieden beinhaltet. Beispielsweise: Unterschiedliche Interessen, Ziele, Charaktere und Machtstrukturen. Sodann kann ein gemeinsames Ziel zur Konfliktbeilegung erarbeitet werden. Zu dessen Umsetzung werden anschließend über Brainstorming und ähnliche Verfahren Lösungsvorschläge entwickelt und in Form einer klar definierten Maßnahme zur Konfliktbehebung formuliert, die möglichst beide Personen in eine Gewinner-Gewinner-Situation bringt.

Umsetzung der Maßnahme

Um die Realisierung der verabredeten Maßnahme so konkret wie möglich vorzubereiten, sollten die folgenden Fragen gemeinsam durchgesprochen werden:

- Welche Hilfsmittel (Geld, Personen etc.) brauchen wir, um die Maßnahme durchzuführen?
- Wen müssen wir informieren?
- Welche flankierenden Maßnahmen sind u.U. nötig?
- Welche Spielregeln könnten uns helfen?

Kontrolle

Zum Abschluss des Konfliktgesprächs muss noch verabredet werden, wie die Realisierung der Maßnahme überprüft werden kann. An dieser Stelle sollten auch noch Vereinbarungen über den Fall des Misserfolgs der verabredeten Maßnahme getroffen werden. Dies kann beispielsweise ein erneutes, längeres Konfliktgespräch sein.

8.2 Projektmanagement

Die entscheidende Frage, die sich bei der Umsetzung von Schulprogrammen immer wieder stellt, ist die nach den Handlungskonsequenzen: Wie kann gewährleistet werden, dass das, was vorher an großartigen Ideen und Konzepten, an weit greifenden Visionen und Vorstellungen entwickelt wurde, auch konkret umgesetzt wird? Scheitert die Schulprogrammentwicklung an dieser »Implementationsfrage«, dann war alle Entwicklungsarbeit vorher so gut wie umsonst; es sei denn, man vertröstet sich mit der mittlerweile banalisierten Aussage »Der Prozess ist wichtiger als das Ergebnis, der Weg wichtiger als das Ziel«. Wenn dieser Satz auch für einige Vorhaben gültig sein dürfte, so wird er im Rahmen der Schulprogrammentwicklung zur Schutzbehauptung, die die eigenen Umsetzungsdefizite verdecken möge. Selbstverständlich sind die gemeinsamen Erfahrungen der Kollegien im Entwicklungsprozess des Schulprogramms immer wichtig; aber ebenso wichtig sind die manifestierten Ergebnisse. Schließlich wird in vielen Kollegien mit Recht beklagt, dass vielfach faszinierende Veränderungsvorschläge formuliert werden, aber die Umsetzung auf sich warten lässt – eine Erfahrung, die alles andere als motivierend sein dürfte. Und gerade die Motivation der Lehrerinnen und Lehrer ist es, die für gelungene Schulprogrammarbeit gebraucht wird.

»80% der Veränderungsvorhaben scheitern an unzulänglichen Konzepten der Implementierung« (Schley, W., in: Ender, B. u.a. [Hrsg.]: Beratung macht Schule. Innsbruck 1996). Wir kennen die empirische Basis dieser von Wilfried Schley stammenden Aussage nicht, halten sie jedoch für sehr plausibel. Wir sehen, dass die Schulen ihre Energiereservoirs und Ideenpools viel zu wenig ausschöpfen, weil sie zu wenig davon konkret umsetzen. Oftmals bleibt die Umsetzung bei der nicht sehr professionellen »3-M-Methode« stehen: »Man müsste mal ...«. Wenn sich niemand konkret angesprochen fühlt, wird sich auch niemand für die Umsetzung verantwortlich zeigen. Die irrige Annahme scheint zu sein, dass eine großartige Idee sich quasi von allein durchsetzen werde. Bessere Handlungskonsequenzen werden demgegenüber dadurch erreicht, indem größtes Augenmerk auf die methodische Absicherung der Umsetzung gelegt wird.

Die Absicherung der Umsetzung gelingt am besten, wenn man sich der Konzepte und Methoden des Projektmanagements bedient. Leider wird der Projektbegriff ausgesprochen inflationär benutzt: Projekte reichen vom Bau eines Heizkraftwerkes über die Stadtteilsanierung bis zur Organisation des Kindergeburtstags. Dennoch gibt es eine Projektbestimmung, die sehr »handfest« ist. Demnach wird jedes Projekt durch drei Zielvorgaben bestimmt und abgesteckt. Dies zeigt das »Planungsdreieck« (vgl. Abb. 8.2.1).

Abb. 8.2.1 **Planungs-Dreieck**

Wichtig ist der Hinweis, dass sich alle drei Zielgrößen gegenseitig beeinflussen oder sogar miteinander konkurrieren können. Eine isolierte Betrachtungsweise ist deshalb nicht angebracht. Das Planungsdreieck stellt eine erste Möglichkeit dar, die Projektplanungen im Rahmen des Schulprogramms kritisch zu reflektieren.

Zum Begriff des »Projektmanagements« gibt es zahlreiche Definitionsversuche. Wir geben einige Elemente an, die immer wieder genannt werden: Projektmanagement kann demnach als ein die Tagesaufgaben übersteigendes, klar definiertes Vorhaben bezeichnet werden, das von besonderer Bedeutung und begrenzter Dauer ist, und mit fest definierter Ressourcenausstattung und Ergebnisverantwortung durchgeführt wird. Hervorgehoben werden sollte noch der innovative Charakter, da im Projektmanagement besondere organisatorische und personelle (Projektgruppe) Vorkehrungen notwendig sind.

Wichtiger als diese Definitionsansätze, die interessierte Leserinnen in dem sehr lebendig geschriebenen Buch »Projektmanagement in neuen Dimensionen« von J. Mees u.a. (1993) nachlesen können, ist uns das konkrete methodische Vorgehen – und dessen Bezug zur Entwicklung und Umsetzung des Schulprogramms. In unserer Beratungstätigkeit hat sich das in Abb. 8.2.2 dargestellte Phasenmodell des Projektmanagements bewährt.

Abb. 8.2.2 **Phasenmodell des Projektmanagements**

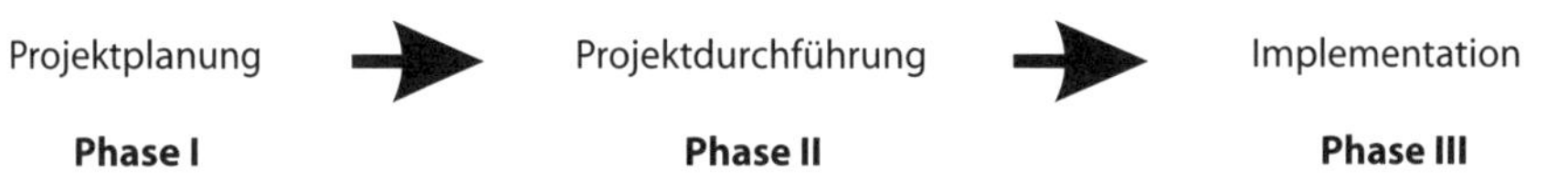

Dieses relativ einfache und daher sehr gut einsetzbare Dreiphasenmodell werden wir Schritt für Schritt durchgehen und für jede Phase die Aufgaben und Ziele beschreiben sowie weitere praktische Hinweise geben.

Phase I: Projektplanung – Ziele und Aufgaben formulieren (oder: Das Dreieck beachten)

Die Projektplanung sollte – ähnlich wie die Diagnose in der Schulprogrammentwicklung und die übrigen Phasen des Projektmanagements – eine gemeinsame des Kollegiums sein. Dies ist nicht nur ein demokratischer Anspruch: Nach allem, was wir aus Erfahrung und Forschung wissen, erhöht die gemeinsame Planung die spätere »Implementationstreue«. Klarer ausgedrückt: Wenn ich an der Planung beteiligt werde, werde ich mich später eher an der Umsetzung beteiligen, als wenn ich einen vorformulierten Plan »vorgesetzt« bekomme. Die Planungsbeteiligung erhöht also die Identifikation mit dem jeweiligen Projekt. Diese Überlegungen zeigen, wie wichtig es ist, die aktive Teilhabe ermöglichen.

Dazu ist es bei Planungsbeginn notwendig, einen klaren Projektauftrag zu formulieren und die jeweiligen, schulischen Rahmenbedingungen zu definieren. Konkret sollten hier wichtige Teilaufgaben (»Meilensteine«) genannt werden und der gesamte Projektaufwand sollte abgeschätzt und verglichen werden mit den tatsächlich vorhandenen Ressourcen. In diesem Sinne wäre im Stadium dieser Vorplanungen das Planungsdreieck in seiner Interdependenz zu beachten: Wie passen Ziele, Zeit und vermutlicher Aufwand zusammen? Letztlich werden mit diesen systemischen Fragestellungen nicht nur die Wie-Fragen konkreter Planung angesprochen, sondern es kommt auch die Ob-Frage ins Blickfeld: Klaffen beispielsweise vermuteter Aufwand und die eigenen schulischen Ressourcen sehr weit auseinander, dann müsste auf dieses Schulprogrammelement möglicherweise verzichtet werden.

Für diese Phase hat sich in unserer Beratungstätigkeit das W-Planungsraster bewährt. Wie aus der Abbildung 8.2.3 hervorgeht, stehen hier sieben W-Fragen im Vordergrund, die in einer Projektsitzung – wie in dem abgebildeten Arbeitsblatt beschrieben (vgl. Abb. 8.2.3, S. 92) – beantwortet werden sollten.

Phase II: Projektdurchführung – Vorbereitung der Realisierung

Diese Phase könnte so manchem Leser als überflüssig vorkommen: Planung und Implementation, also Umsetzung, müssten doch eigentlich genügen; wozu tritt da noch die Projektdurchführung dazwischen? Sie ist deswegen so wichtig, weil sie nach den ersten Vorplanungen die Umsetzung vorbereiten und damit absichern soll. In dieser Phase wird die Planung überführt in Arbeit an Details und die Entwicklung von Alternativen. Die Projektdurchführung lässt sich unterteilen in die folgenden drei Schritte, die nacheinander abgearbeitet werden müssen:

Schritt 1: Analyse

Hier geht es darum, das, was bisher an Vorplanungen vorhanden ist, zu konkretisieren: Details werden festgestellt und Ideen entwickelt. Ergebnis ist ein relativ detaillierter Projektplan mit der Auflistung künftiger Handlungsschwerpunkte.

Schritt 2: Erarbeitung von Lösungsansätzen

Alternativen zur bisherigen Planung werden entwickelt und bewertet. Dabei kann man sich unterschiedlicher Bewertungskriterien bedienen. Wir favorisieren als Kriterien den Zeitfaktor (Dauer bis zur Umsetzung) und den Faktor der Beeinflussung

Abb. 8.2.3 **W-Planungsraster**

Es werden zwei bis drei Flipchart-Bögen aufgehängt und mit folgenden Überschriften bzw. Zwischenüberschriften versehen:

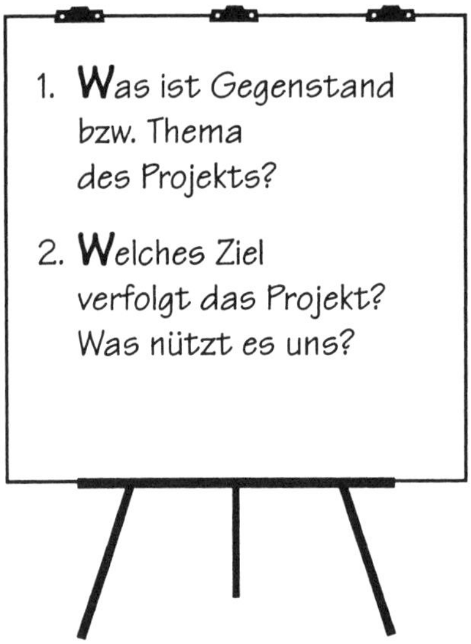

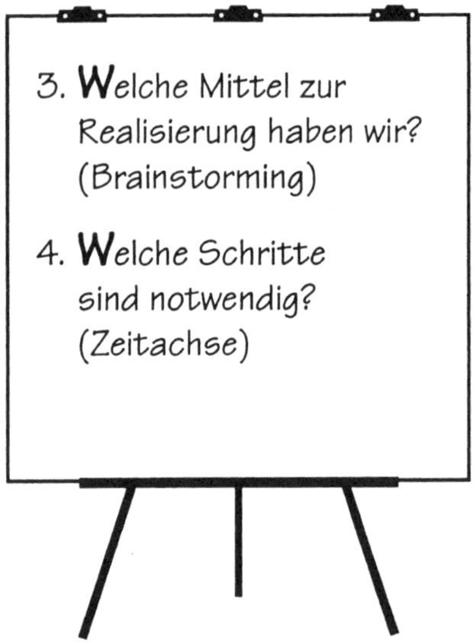

Hinweis:

Erst Einzelarbeit. Die Fragen werden dann nach und nach in der Gruppe diskutiert. Die Antworten schreibt ein Gruppenmitglied oder ein/e Moderator/in auf.

Am Schluss sollte ein zweiter Durchgang gemacht und alle Ergebnisse im Zusammenhang behandelt und auf Konsistenz sowie Plausibilität geprüft werden.

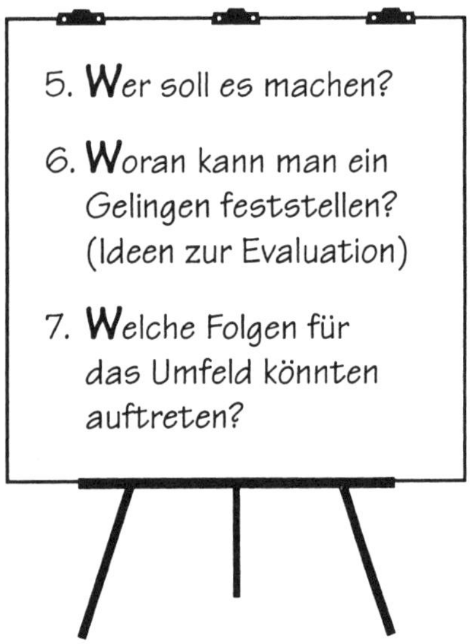

Abb. 8.2.4 **Entscheidungsmatrix**

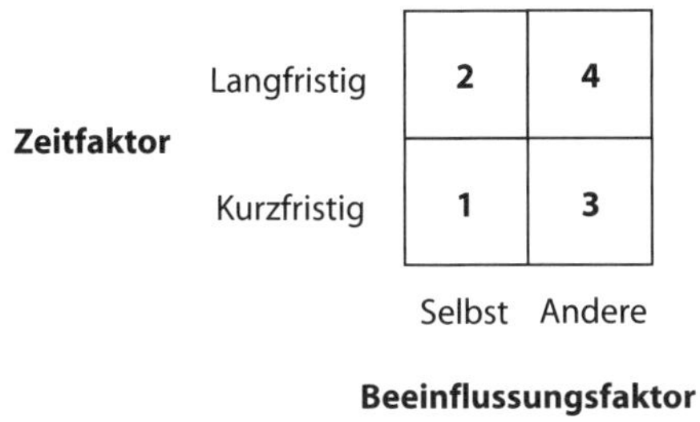

(die Schule selbst oder externe Einrichtungen), beide zusammengefasst in der »Entscheidungsmatrix«, vgl. Abb. 8.2.4).

Im Sinne der Bündelung und Schaffung von Motivation sollten Veränderungsprojekte möglichst in den Feldern 1 und 2 angesetzt werden: Also dort, wo die Schule (Feld 1) Vorhaben ohne Hilfe von außen (relativ) schnell in Erfolge umsetzen kann; und dort, wo die Schule selbständig, diesmal allerdings längerfristig Erfolge erzielen kann (Feld 2). Es sollte also mit den Planungsalternativen begonnen werden, die die Schule in Eigenregie und in relativ kurzer Zeit umsetzen kann. Sodann können in Kooperation mit Externen (Feld 3) und auch relativ rasch andere Vorhaben in Angriff genommen werden. »Großformatige« Projekte, die länger dauern und mit anderen Partnern durchgeführt werden (Feld 4), müssten in die längerfristige Planung aufgenommen werden.

Schritt 3: Realisierungsvorbereitung

Dies ist gewissermaßen schon die Vorstufe der Implementation. Der Sollzustand wird in dieser Phase spezifiziert; es werden Maßnahmenkataloge formuliert und Verantwortlichkeiten zugeordnet. Eine gute Möglichkeit, Maßnahmen und Verantwortungen aufeinander abzustimmen, ist der Tätigkeitskatalog (vgl. Abb. 8.2.5, S. 94).

Phase III: Implementation – Sorgfältige Planung der Umsetzung

Diese wichtigste Phase bezieht sich unmittelbar auf die Absicherung der Umsetzung: Die sorgfältige Planung der Implementierung sichert nachhaltig den Projekterfolg. In dieser Phase muss die Projektrealisierung untersucht werden hinsichtlich

Abb. 8.2.5 **Tätigkeitskatalog**

Nr.	Was?	Wer?	Mit wem?	Wann?

aller Möglichkeiten, aber auch Widerstände. Ein gutes Instrument für die Arbeit an der Umsetzung ist das »Implementationsfenster« (vgl. Abb. 8.2.6).

Projektmanagement setzt Selbstmanagement voraus: Sechs Hinweise

Die Umsetzung steht und fällt mit den Menschen, die dies zu tun versuchen: Dies ist nun keineswegs fatalistisch gemeint, sondern soll darauf verweisen, wie wichtig es ist, dass die Schulprogrammpromotoren ihr eigenes Verhalten reflektieren und gegebenenfalls revidieren. Denn wir sind davon überzeugt, dass effektives, Erfolgserlebnisse ermöglichendes Projektmanagement nur gelingt, wenn die engagierten Personen sich auch selbst gut »managen« können. Selbstmanagement hebt in besonderer Weise darauf ab, die persönliche Arbeitsorganisation (u.a. auch: Zeitmanagement), aber auch andere subjektive Faktoren (z.B. gesunde Lebensweise) bewusst zu machen und zu verbessern. Dieser subjektive Aspekt des Projektmanagements wird häufig unterschätzt. »Wer sich selbst nicht führen kann, kann auch andere Menschen nicht führen«, lautet der Merksatz, der die Bedeutung des Selbstmanagements für Führungskräfte – aber nicht nur für diese – illustrieren kann. Für die Träger in der Schulentwicklung (einzelne Lehrkräfte, Schulleitung, Mitglieder der Entwicklungsgruppe) möchten wir sechs Hinweise formulieren, die effektives und damit befriedigendes Selbstmanagement möglich machen.

Abb. 8.2.6 **Implementationsfenster**

Schwerpunkt / Maßnahme / Projekt: ______________________________

Was wollen Sie machen? **Soll – Wunschsituation**	Was können Sie machen? **Lösungsvorschläge**
	1.
	2.
	3.

Widerstände bezüglich der Lösungsvorschläge	**Kräfte** dafür
1.	**1.**
2.	**2.**
3.	**3.**

Erster Hinweis: Zielorientiert arbeiten

Auch in der Schulprogrammentwicklung kann es leicht passieren, dass im Tagesgeschäft des Schulalltags die Zielperspektive leicht aus dem Blick gerät. Um dies zu vermeiden, nennen wir im folgenden Empfehlungen, die eine Projektarbeit unterstützen (»hilfreich«) und Verhaltensweisen (»nicht hilfreich«), die zielorientiertes Arbeiten behindern:

Hilfreich
- klare Ziele stecken, »Endprodukte« definieren
- Prioritäten setzen, einhalten und kommunizieren
- Aufgaben in zeitkritische und wichtige sortieren
- Termine sofort notieren und ggf. weitergeben
- Regelmäßig Rückblick halten

Nicht hilfreich
- Spontane Prioritäten setzen
- Prioritäten ständig wechseln
- Zu viel auf einmal erledigen wollen
- Zu hohen Detaillierungsgrad anstreben
- Perfektionismus durchsetzen wollen

Zweiter Hinweis: Den Arbeitstag effizient gestalten

Auch wenn kein Mangel an Literatur und Checklisten zu zeiteffizientem Arbeiten herrscht, so möchten wir dennoch an einige »Essentials« erinnern:

Hilfreich
- Pufferzeiten sichern
- Eventuelle detaillierte Zeitplanung vornehmen (»6 x 10 Min. >60 Min.«)
- Zeitaufwand für Aktivitäten realistisch einplanen
- Ggf. Zeitplanbuch führen

Nicht hilfreich
- Den Tag voll durchplanen, ohne Pufferzeiten
- Für jedes Gespräch persönliches Treffen vereinbaren

Dritter Hinweis: Unnötige Störungen vermeiden

Dies ist eine Empfehlung, die naheliegend in der Hektik des Schulalltags sehr schwer umzusetzen sein dürfte. Trotzdem (oder gerade deshalb) möchten wir einige Tipps hierzu geben:

Hilfreich
- Sprechstunden/Anrufzeiten festlegen
- Ggf. zeitweise räumliche Isolierung durchsetzen

Nicht hilfreich
- Ablenken lassen durch belanglose Gespräche
- Für jeden da sein

- Bei spontanen Besuchen von längerer Dauer auf eigene Arbeit hinweisen und Termin ausmachen
- Information an Sekretärin/Telefonzentrale sicherstellen: Wer ist wo?

- Zu viele Leute in einem Raum platzieren

Vierter Hinweis: Überlastung vermeiden

Häufig ist es so, dass die aktiven Schulprogrammpromotoren Lehrkräfte sind, die auch an anderen Stellen in der Schule engagiert sind: Ob der Festausschuss »xyz«, die Projektgruppe »soundso«, die Entwicklungsgruppe – vielfach sind es immer die gleichen Lehrer/innen, die sich engagieren. Dieses »Matterhornsyndrom« (E. Osswald) kann dazu führen, dass diese Personengruppe permanent in einer Überlastungssituation steht. Um dies zu vermeiden, geben wir diese Hinweise:

Hilfreich
- Aufgaben delegieren (wenn dies möglich ist)
- Mehr Vertrauen in fremde Leistungen setzen
- Alle Ressourcen nutzen
- Konstruktiv »nein« sagen können
- Eigene Aufgaben und Zeitaufwand klar mitteilen

Nicht hilfreich
- Alles selbst machen
- Alleslöser sein wollen
- Zu oft verführen lassen durch Dienst an der Sache und/oder Überredungskunst »von oben« (Motivationseffekt)

Fünfter Hinweis: Effektive Kommunikation praktizieren

Wie weiter oben gezeigt werden konnte, entstehen Konflikte und Reibungsverluste häufig aus Missverständnissen, die wiederum oft auf mangelnden kommunikativen Fähigkeiten der Betroffenen basieren. Neben Ich-Botschaften und Orientierung an Feedbackregeln (Vier Ks) können die folgenden Tipps helfen:

Hilfreich
- Klare Ziele setzen
- Aufgaben immer mit Zieltermin versehen
- »Simpel« sprechen
- Bei Unklarheit sofort fragen
- Paraphrasieren (Mit eigenen Worten wiedergeben)

Nicht hilfreich
- Alles als dringend, eilig und gleich wichtig hinstellen
- Unausgereifte Aufgaben übertragen
- Unvollständige und verspätete Informationen geben
- Aus Angst vor Blamage Verständnis vortäuschen

Sechster Hinweis: Gespräche vorplanen

Selbstverständlich können wir nicht jedes Gespräch vorher in Ruhe planen. Aber bei besonders wichtigen, projektbezogenen Gesprächen ist sicherzustellen, dass genügend Zeit für die Vorbereitung reserviert wird.

Hilfreich
- Klarheit über das Ziel des Gesprächs
- Fragen teilweise schriftlich vorformulieren
- Auf Gegenfragen vorbereitet sein
- Für Besprechungen gemeinsame Tagesordnung mit Zeitvorgaben aufstellen

Nicht hilfreich
- Bei jedem Einzelproblem Beteiligte anrufen
- Besprechungen ohne Tagesordnung »laufen lassen«
- Außerhalb von Besprechungspausen telefonieren

Wir hoffen, dass diese Empfehlungen den Akteuren der Schulentwicklung als entlastende Arbeitstechniken dienen können.

Teil III: Leben mit einem Schulprogramm

Es gibt bisher nur sehr wenige Schulen mit einem gemeinsam erarbeiteten und von allen verabschiedeten Schulprogramm und deshalb auch kaum Erfahrungen über ein Leben mit dem Schulprogramm. Das Hauptproblem besteht sicherlich darin, dass ein Schulprogramm mit großer Mehrheit ratifiziert wird und das Leben in der Schule unbeeinflusst davon weitergeht wie zuvor.

Die Evaluation des ganzen Schulprogramms oder einzelner Teile bzw. Bereiche schafft hier doppelte Möglichkeiten, einmal der Überprüfung dessen, ob sich überhaupt etwas ändert und was sich ändert, sowie zum anderen die damit verbundene Dauerbeschäftigung einer Schule mit dem Schulprogramm, die den Sinn und den Auftrag des Schulprogramms präsent zu halten vermag.

Auch die Notwendigkeit, ein Schulprogramm fortzuschreiben und neue Kolleginnen und Kollegen einzugliedern, vermögen dem Schulprogramm Leben einzuhauchen. Der Evaluation und der Fortschreibung sind deshalb auch unsere letzten Kapitel gewidmet. Zuvor müssen allerdings die Rollen der Hauptbeteiligten geklärt werden.

1. Rollen, Beratung und Fortbildung

Das Schulprogramm als »Ausdruck der gemeinsamen Verantwortung aller Lehrerinnen und Lehrer«: So wird die Aufgabe des Kollegiums in den meisten Bezugsrichtlinien beschrieben. Mithin steckt das Schulprogramm den gemeinsamen Rahmen ab, in dem möglichst viele, wenn nicht sogar alle Lehrer/innen auch Verantwortung übernehmen können und wollen. Auch wenn somit das Schulprogramm auf das Kollegium als Ganzes abzielt, ist eine permanente und 100%ige Aktivierung aller Lehrkräfte nur schwerlich zu erreichen. Trotzdem sollte immer wieder – insbesondere seitens der Entwicklungsgruppe und der Schulleitung – der Versuch unternommen werden, so viele Lehrer/innen wie möglich aktiv einzubeziehen. Hierbei kommt – neben den Mitgliedern der Steuergruppe – der Schulleitung eine wichtige Führungsaufgabe zu.

Schulleitung

Dass der Schulleitung bei Neuerungsvorhaben wie der Leitbildentwicklung eine Schlüsselrolle zukommt, ist die Botschaft aller einschlägigen, auch unserer eigenen Studien. Diese Schlüsselrolle haben wir bereits weiter oben angesprochen. Wir wollen diese Rolle im Zusammenhang mit der Entwicklung und Umsetzung des Schulprogramms näher beleuchten, weil sie dabei besonders wichtig wird. Neuere empirische Untersuchungen belegen, dass Schulleiter/innen nicht länger der »einsame Wolf an der Spitze des Rudels« sind; vielmehr bewegt sich der Führungsstil in Richtung auf Teamführung und -entwicklung. Die Schulleiterin bzw. der Schulleiter wird zum Führer, Manager und Moderator und lässt das Kollegium an wichtigen Entscheidungsvorgängen partizipieren. Für das Gelingen ist es oft nützlicher, wenn ein Vorschlag aus dem Kollegium kommt und nicht von der Schulleitung. Dominante Schulleiter/innen sind bekanntlich nicht die effektivsten. Vor allen Dingen sind sie nicht in der Lage, den Ideenpool, den jede Schule ohne Zweifel darstellt, so zu pflegen, dass die Lehrkräfte positiv motiviert werden, ihre Potentiale in die Schule »einzubringen«. Diejenigen Schulleiter/innen agieren am wirksamsten, die es verstehen, in Teams und mit Teams zu arbeiten. Gerade für die gelungene Schulprogrammentwicklung, in der sehr viel in Projekt- und Entwicklungsgruppen gearbeitet wird, ist diese Teamfähigkeit der Schulleitung unverzichtbar. Dazu gehört beispielsweise die Fähigkeit, Feedback an die Arbeitsteams und deren Einzelmitglieder zu geben.

Aus nicht wenigen Schulen, in denen das Kollegium sich stark bei der Schulprogrammarbeit engagiert, hören wir die Klage von Lehrerinnen und Lehrern, dass die

Schulleitung ihre Arbeit zu wenig anerkenne. Zwar ist Feedback keine Schönwetterveranstaltung, in der sich alle darin bestätigen, wie fantastisch sie sind. Vielmehr bedeutet Feedback sowohl die Fähigkeit, Kritik konstruktiv zu formulieren als auch positive Leistungen entsprechend zu würdigen. Da so manche Schulleitung den letzten, gleich wichtigen Aspekt zu übersehen geneigt ist, betonen wir: Feedback als ausbalancierte Rückmeldung von negativen und positiven Aspekten ist eine wichtige Führungsaufgabe der Schulleitung.

In Analogie zur Rollenbeschreibung von Beratern als eines »facilitators« (wörtlich übersetzt: Ermöglicher, Erleichterer) fördert eine gute Schulleitung die Entwicklung der schulinternen Kooperationskultur.

Bekannt ist andererseits, dass der Berufsalltag von Schulleitern äußerst heterogen und sehr belastend ist. Sicherlich kann hier gelungene Schulprogrammentwicklung mittelfristig zu einer Entlastung der Schulleitung beitragen: Indem z.B. eine Steuergruppe gebildet wird, oder indem das Kollegium stärker aktiviert und an gemeinsamer Planung beteiligt wird. Dennoch scheint es so zu sein, dass die Schulleitungsrolle in der Schulprogrammentwicklung zunächst schwieriger wird, u.a. weil etwa mit der Entwicklungsgruppe Konkurrenzstrukturen aufgebaut werden, was für alle Beteiligten neue Erfahrungen mit sich bringt.

Daher empfehlen wir, Prozesse der Schulprogrammentwicklung – wenn irgendwie möglich – durch Coaching-Angebote an die Schulleitung zu ergänzen, um den Schulleitern und Schulleiterinnen eine professionelle Gelegenheit zu geben, ihre Rollenprobleme und andere Schwierigkeiten in diesem Arbeitszusammenhang besprechen zu können. Dieses »Coachen« muss dabei nicht eine individuelle Beratungsform bleiben: Nützlich sind auch Coaching-Gruppen von Schulleitern und Schulleiterinnen, die an ihren Schulen aktiv Schulprogramme entwickeln und daher ähnliche Probleme haben dürften und sich deshalb zur »fallbezogenen Beratung« zusammenfinden.

Beratung

In der letzten Zeit sind in einigen Ländern verstärkt Prozessberater und Schulentwicklungsmoderatoren ausgebildet worden mit der Zielsetzung, Schulen bei ihrer Schulentwicklung auch personell zu unterstützen. Diese Qualifizierungsmaßnahmen reichen – je nach Land – von systematischen, längerfristig angelegten Fortbildungsprogrammen bis hin zu eher singulären Einzelmaßnahmen. Bei allen Unterschieden dieser Maßnahmen hinsichtlich der Qualität und Quantität, auf die wir hier nicht näher eingehen wollen, ist es sicher, dass in keinem Land genügend externe Berater existieren, um den Beratungsbedarf der Schulen bei ihrer Programmentwicklung auch nur annähernd abzudecken. Bis auf einige diesbezügliche Fortbildungsangebote der Landesinstitute oder anderer Träger sind die Schulen also bei ihrer Schulprogrammarbeit weitgehend auf sich selbst gestellt. Auch aus diesem Grund ist die Mehrzahl der hier von uns vorgestellten Konzepte und Methoden so angelegt, dass sie in aller Regel ohne Beraterhilfe von außen in der eigenen Schule eingesetzt werden können. Ziel ist und bleibt die Selbstorganisation und Selbststeuerung von Schulen auch gerade in der Schulprogrammentwicklung.

Obwohl gegenwärtig die Unterstützung bei dieser Arbeit durch externe Moderatoren eher die Ausnahme darstellt, möchten wir dazu noch einige Hinweise geben. Denn: Wir beobachten, wie zunehmend freiberufliche Trainerinnen und Trainer das Schulfeld für sich »entdecken«. Wir gehen sogar so weit zu prognostizieren, dass in den nächsten 10 Jahren im Schulbereich ein regelrechter »Markt« von Entwicklungsberatern für Schulen entstehen wird. Eine Entwicklung, die wir für ambivalent halten: Zwar könnten damit mehr Schulen die Möglichkeit externer Unterstützung bekommen. Es bleibt aber die Frage offen, wie erfahren und qualifiziert diese neuen Beratungsagenturen sind. Wir halten es daher für legitim und notwendig, wenn Schulen sich von den externen Trainern und Beratern Referenzen u.Ä.m. geben lassen.

Ähnlich wie es in Unternehmen regelrechte Checklisten gibt, um sich über die Professionalität von Unternehmensberatungen ein Bild zu machen, sollten sich auch Schulen, die externe Hilfe bei ihrer Schulprogrammentwicklung suchen, einen kritischen Katalog von Prüffragen zurechtlegen. Wir geben deshalb mittels einer Checkliste eine Hilfestellung (vgl. Abb. III.1.1):

Abb. III.1.1 **Checkliste für Beraterkontakte**

Worauf Sie beim Erstkontakt mit externen Beraterinnen und Beratern achten sollten:

1. Feldkenntnis: Können die Berater überzeugend darstellen, dass sie sowohl pädagogische Grundfragen als auch die »Mentalitäten« in Schulen hinreichend kennen?
2. Vorerfahrungen: Haben die Berater schon in konkreten Schulprojekten (und nicht nur in der Fortbildung) gearbeitet? In wieviel Schulen? In welchen?
3. Beratungsdesign: Sind die diesbezüglichen Vorüberlegungen der Berater so angelegt, dass die Bedürfnisse der Schule dabei nicht zu kurz kommen?
4. Transparenz: Wie offen und transparent ist das geplante Vorgehen der Berater?
5. Beraterrolle: Wie ist das Selbstverständnis der Berater? Wollen sie Hilfe zur Selbsthilfe überzeugend leisten?

Letztlich ist die gemeinsame Arbeit am Schulprogramm ein groß angelegter Prozess gemeinsamen Lernens im Kollegium; mithin könnte Schulprogrammarbeit auch als permanente schulinterne Lehrerfortbildung bezeichnet werden. Dieser Schilf-Charakter trifft in besonderer Weise für die Mitglieder der internen Entwicklungsgruppe zu: Sie bilden sich selbst fort in Moderationsmethoden oder Sitzungsmanagement-Techniken, können darüber hinaus sozusagen als Multiplikatoren die übrigen Kollegiumsmitglieder schulen. Um diesen Fortbildungsaufgaben professionell nachkommen zu können, ist es notwendig, dass die Steuergruppenmitglieder selber Fortbildungsangebote externer Anbieter (Landesinstitute und andere Träger) wahrnehmen.

Weiter oben wurde beschrieben, dass die Diagnose im Rahmen der Schulprogrammarbeit möglichst in einer klausurähnlichen Situation des Gesamtkollegiums geschehen sollte. Zur Vorbereitung ist es wichtig, dass die Entwicklungsgruppe so viel Transparenz wie möglich schafft und möglichst auch selber moderiert. Deshalb ist es wichtig, dass die vorbereitende Steuergruppe vorher über die folgenden Punkte Klarheit schafft, was zu Tagungsbeginn allen Beteiligten größere Sicherheit gibt:

- *Anlass der pädagogischen Konferenz/Klausur/Tagung:* Es sollte allen vorher klar sein, dass es um die Leitbildentwicklung und das Schulprogramm geht.
- *Ziele der Tagung:* Diese sind klar zu formulieren. Dabei ist realistisches Augenmaß notwendig: Das Gesamtprogramm einer Schule kann nicht an einem Tag erstellt werden; die Umsetzung kann erst erfolgen, wenn Aktionspläne vorliegen.
- *Inhalte und Rollen:* Es sollte vorher geklärt werden, welche Zuständigkeiten während der Klausurtagung herrschen; dies gilt zumal bei Beraterbeteiligung.
- *Ablauf:* Das Tagungsdesign sollte allen Teilnehmern vorher zugänglich gemacht werden, damit sich keine überraschenden »Geisterbahneffekte« einstellen.
- *Spielregeln:* Diese sollten zu Beginn der Klausur als gemeinsame »Arbeitsnormen« vereinbart werden. Beispiel-Spielregel: »Anstreben von Handlungskonsequenzen – wenn möglich, im Rahmen der eigenen Zuständigkeiten«.

Die Beachtung dieser fünf Punkte sollte dazu führen, dass jede Lehrperson weiß, warum die Veranstaltung stattfindet und warum sie daran teilnimmt.

Wenn eine Schule bei der Schulprogrammarbeit auf sich selbst gestellt ist, sollten – neben den Trainings in Moderationstechniken und Sitzungsmanagement – die Projektpromotoren (Steuergruppe, Schulleitung, engagierte Kolleginnen und Kollegen) möglichst auch an Seminaren teilnehmen, in denen sie sich das übrige notwendige »Know-how« zur Schulprogrammentwicklung aneignen. Dazu gehören Grundkenntnisse und Fertigkeiten wie wir sie in dieser Veröffentlichung vorstellen: Wie sieht eine bewährte Prozessfolge bei der Programmentwicklung aus? Wo und womit sollte man anfangen? Wie sollte die Entwicklungsgruppe zusammengesetzt sein? Wie kann man konstruktiv mit Widerständen und Konflikten umgehen? Was sind bewährte, kollegiale Planungsverfahren? Diese und weitere Fragen werden beispielsweise in unseren diesbezüglichen Schulprogramm- und Leitbild-Workshops behandelt. In diesen Seminaren steht dabei für viele Teilnehmer/innen immer wieder die Transferfrage nach der Übertragung in den eigenen Schulalltag im Mittelpunkt des Interesses. Zwar warnen wir davor, in einem solchen Seminar permanent an diese Übertragung zu denken, weil sich die Teilnehmer/innen damit nicht richtig auf die angebotenen Inhalte einlassen; (dazu kommt, dass – so dürfte eine allgemeine Seminarerfahrung sein – die in Workshops kennen gelernten Verfahren häufig »zu Hause« in einer ganz anderen Situation angewandt werden als im Seminar angenommen). Trotzdem ist diese Wie-Frage nach der Umsetzung in der eigenen Schule natürlich überaus legitim.

In unseren Seminaren geben wir darauf die folgende Antwort, die vielleicht auch den Leserinnen und Lesern dieses Buches ein wenig dabei helfen kann, das Gelesene für die eigene Schule fruchtbar zu machen. Angeregt durch den »Globe« von Ruth Cohn denken wir, dass es bei der Umsetzung im Wesentlichen auf das Prinzip »Stimmigkeit« ankommt (vgl. Abb. III.1.2 – diesen Hinweis verdanken wir Marianne Huttel-Scheefer, Kassel).

Abb. III.1.2 **Der »Globe«**

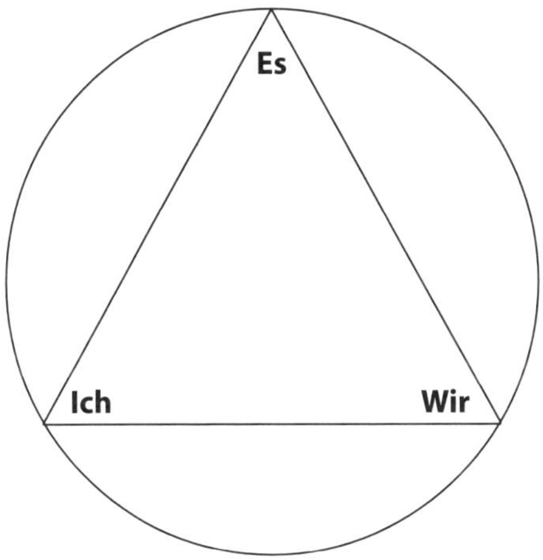

Im Sinne der Grundannahmen der themenzentrierten Interaktion (TZI) bedeutet »Stimmigkeit« in Bezug auf die Transferfrage Folgendes: Die Methoden und Konzepte müssen zu meiner Person (»Ich«), zu meinen Grundorientierungen und Mustern passen. Des Weiteren sollte eine Stimmigkeit zwischen den mentalen Modellen der Gruppe (»Wir«), dem Kollegium also, und den eingesetzten Verfahren angestrebt werden: Hat ein Kollegium schon sehr viele Konferenzen beispielsweise mit Kartenabfrage und Brainstorming durchgeführt, dann bedeutet »Stimmigkeit«, dass einmal elaborierte Kreativitätstechniken wie etwa Synektik oder Analogie-Verfahren zum Zuge kommen sollten. Schließlich sollte das gewählte methodische Vorgehen zur Sache (»Es«), zum Thema also, passen. Darüber hinaus sind die umgebenden Umfeld- und Randbedingungen zwischen »Ich-Wir-Es« im Blick zu behalten: Diese dynamische Balance auszutarieren, ist wahrscheinlich die Hauptaufgabe, die sich bei der Übertragungsproblematik stellt.

2. Evaluation

Das Schulprogramm muss evaluiert werden. Dafür gibt es gewichtige inhaltliche Gründe und in einigen Ländern auch rechtliche Verpflichtungen. Die inhaltlichen Gründe sind:

- Die Wirkungsweise eines Schulprogramms ist nicht leicht zu erkennen. Evaluation vermag es sichtbar zu machen. Das gibt Hinweise zur Umsetzung, Revision und auch zur Fortschreibung.
- Evaluation gibt Aufschluss über den Nutzen von Schulprogrammen und vermag möglicherweise auch Skeptiker und Gegner zu überzeugen.
- Evaluation dient der selbstkritischen Überprüfung und beugt damit der Veröffentlichung reiner Fassadenprogramme vor.
- Evaluation schafft eine Wissensbasis für Selbstreflexion (»hält dem Kollegium den Spiegel vor«).
- Evaluation legt eine Grundlage für die Entstehung einer Feedbackkultur im Kollegium und zwischen Kollegium und Schülern und vielleicht auch Eltern.
- Evaluation ermöglicht, aus Erfahrungen systematisch zu lernen.
- Evaluation dient schließlich der Rechenschaftslegung.

Evaluation ist allerdings auch ein außerordentlich heikles Thema. Sie ist mit vielfältigen Widersprüchen und Ambivalenzen verbunden: Evaluation braucht Vertrauen; und gleichzeitig schafft Evaluation Misstrauen. Evaluation kann äußerst nützlich sein und gleichzeitig ist dieser Nutzen nicht unmittelbar ersichtlich. Evaluation schafft keine unmittelbaren sichtbaren Vorteile oder Erleichterungen und wird deshalb von vielen Schulen anfangs häufig abgelehnt.

Deshalb muss den Schulen viel Freiraum bei der Gestaltung der Evaluation gelassen werden und die Möglichkeit eines eigenen Weges. Daraus folgt auch, dass schulinterner Evaluation eine klare Priorität vor externer eingeräumt sein sollte.

Begriff der Evaluation

> Evaluation soll hier verstanden werden als ein Prozess des systematischen Sammelns und Analysierens von *Daten/Informationen*, um an *Kriterien* orientierte *Bewertungsurteile* zu ermöglichen, die auf begründeter Evidenz beruhen.

Evaluation meint also erstens einen Prozess, nicht etwas Einmaliges, nicht ein Ereignis, sondern etwas Dauerhaftes. Zweitens beinhaltet Evaluation das systematische Sammeln und Analysieren von Daten, wobei Daten hier im weitesten Sinne gefasst werden: Als Ziffern und Zahlen, aber auch als qualitative Daten in Form von Dokumenten, Unterrichtsskizzen, Inszenierungen, Festen, Ritualen und Ähnliches mehr. Drittens und vor allem ist Evaluation Bewertung. Gerade hierin besteht die Brisanz der Evaluation. Es geht um die Frage nach dem Erreichen von Standards. Das setzt voraus, dass über Daten geredet wird und die Daten in einem Kollegium, in einer Forschergruppe, in der Schulleitung oder zwischen Schule und eventuell der Schulaufsicht abgeglichen werden. Das schafft die Basis für die Begründung von Werturteilen. Daten müssen – wie es in der Fachsprache heißt – kommunikativ validiert werden und auf dieser Grundlage entsteht die Evidenz von Bewertungsurteilen. Kommunikative Validierung bedeutet Gültigkeitsfeststellung durch Gespräche, die nach einer gemeinsamen Interpretation suchen.

Evaluation ist aber nicht mit Wissenschaft und Schulvergleichsforschung gleichzusetzen. Es geht nicht darum, Daten statistisch so zu analysieren, dass unterschiedliche Variablen miteinander verknüpft oder durch Reliabilitäts-, Varianz- oder Faktorenanalysen bestimmte Strukturierungen aus den Daten objektivistisch abgeleitet werden. Evaluation ist nicht gleich Wissenschaft; ihr liegen keine wissenschaftlichen Standards – keine wissenschaftlichen Gütekriterien – zugrunde. Evaluation stellt eine Form der Praxisforschung dar. Deshalb kann Evaluation auch zu einer neuen Arbeitskultur in den Schulen führen.

Da es sich bei Evaluation um Bewertung handelt, steht auch immer die Qualität der Schule auf dem Prüfstand. Ein Aspekt, der in der Qualitätsdiskussion allerdings häufig vergessen wird, ist die Frage, ob es um die Evaluation der Angebote oder aber nur um die Evaluation der Ergebnisse geht. Allein die Ergebnisse zu evaluieren hieße, nur eine Seite der Medaille zu erfassen. Zur Qualität der Schule gehört auch und vielleicht vor allem die Qualität ihrer Angebote. Mit den Lernergebnissen ist noch nicht die Qualität der Schule evaluiert. Etliche Lernergebnisse können ja auch ohne das Zutun der Schule erreicht worden sein, z.B. durch die Eltern, durch die hohe Leistungsfähigkeit der Schüler/innen, usw.

Evaluation von Anfang an

Evaluation muss von Anfang an Thema der Schulprogrammarbeit sein. Falls das nicht der Fall ist, müssen die Ziele und Kriterien der Evaluation im Nachhinein bestimmt werden. Das allerdings nährt Versuchungen zur Selbsttäuschung, wobei im Nachhinein als Erfolg definiert wird, was beim Schulprogramm tatsächlich herauskommt, aber im Vorhinein gar nicht beabsichtigt war.

Es gibt noch einen zweiten Grund, die Ziele und Kriterien der Evaluation bereits zu Beginn der Schulprogrammarbeit zu erörtern: Wenn klar wird, was überhaupt evaluierbar ist und was nicht (oder nur sehr schwer), dann stehen die Entwicklungsschwerpunkte, Arbeitspläne und möglichst auch die Leitsätze von Anfang an auf dem Prüfstand und müssen realistischer definiert werden. Dann ist die Gefahr geringer, dass sich ein Kollegium ein Schulprogramm gibt, welches es gar nicht umsetzen kann.

Evaluation bei klaren Zielen

Evaluation ist komplex und schwierig, aber von Kollegien durchaus durchführbar, wenn die Ansprüche zu Beginn nicht allzu hoch geschraubt werden, wenn einige Instrumente (wie wir sie im Folgenden präsentieren) zur Verfügung stehen, wenn es einschlägige Fortbildung gibt und wenn notfalls ein Berater hinzugezogen wird.

Am unaufwendigsten ist die Evaluation des Schulprogramms, wenn das Schulprogramm klare Ziele enthält. Beispiele für derartige handhabbare Ziele sind:

- Verringerung des Sitzenbleibens.
- Verringerung des frühzeitigen Schulabbruchs oder -abgangs.
- Jede Lehrperson kennt jede Schülerin und jeden Schüler mit Namen.
- Nachmittagsangebote für alle Schüler, die das wollen, werden geschaffen.

Abb. III.1 dient als Arbeitshilfe bei Evaluation mit klaren Zielen. Bei den genannten Beispielen gehört das (allerdings nur in überschaubaren Schulen zu realisierende) Ziel »Jede Lehrperson kennt jede Schülerin und jeden Schüler mit Namen« zum Bereich Schulprogramm/Lehrbereich möglicherweise zum Leitsatz »mehr schülerorientierten Unterricht«. »Nachmittagsangebote für alle« wäre vermutlich dem Schulleben zuzuordnen und durch eine Nachfrage-Angebote-Bilanz zu messen. Die übrigen Beispiele passen in den Bereich »Arbeitsprogramm/Entwicklungsschwerpunkte«. »Verringerung des Sitzenbleibens« kann relativ leicht an der Quote der Klassenwiederholer gemessen werden. Die Daten sind der jährlich neu erstellten Schulstatistik zu entnehmen.

Es sollte betont werden, dass zu den klaren Zielen nur solche zählen sollten, die auch im Rahmen der Möglichkeiten einer Schule zu realisieren sind. Dass die Ziele so klar sind, wie in diesen Beispielen genannt, dürfte eher Ausnahme als Regel sein. Leitsätze und Vorhaben des Schulprogramms sind oft so komplex, dass sie sich nicht umstandslos messen lassen und einiges davon lässt sich überhaupt nicht in Form von Ziffern ausdrücken wie z.B. Selbständigkeit der Schüler. Außerdem ist eine zu strikte Zielorientierung auch abträglich für pädagogische Phantasie und Lernen aus neuen Erfahrungen. Wer immer nur das Ziel im Auge hat, verliert darüber den Spaß am Reisen.

Deshalb sollte man im Normalfall davon ausgehen, dass Evaluation sich vor allem dann als Aufgabe stellt, wenn die Ziele nicht so klar sind.

Abb. III.1 **Evaluation bei klaren Zielen**

Umfang Dimensionen	**Zielerreichung: Woran kann ich sie erkennen?**	**Daten, die die Zielerreichung messen**	**Methode: Wie komme ich zu den Daten?**
I. Schulprogramm			
Unterricht			
Schulleben			
II. Arbeitsprogramm / Entwicklungsschwerpunkte			
Vorhaben			
z.B. Sitzenbleiber verringern	Es bleiben weniger Schüler/innen sitzen	Quote der Klassenwiederholer	Jährliche Auswertung der Schulstatistik

Evaluation bei unklaren Zielen

Bei allgemein gehaltenen Zielen des Schulprogramms und bei Zielvorstellungen, denen es an Klarheit mangelt oder über die Klarheit nicht oder nicht ohne weiteres herzustellen ist, empfehlen den folgenden Fünferschritt zu gehen, den Abb. III.2 zeigt.

Abb. III.2 **Fünf Grundschritte der Evaluation**

1. Grundfragen klären: Welche Bereiche, welche zu erwartenden Wirkungen sollen evaluiert werden?
2. Welches sind Anzeichen für ein Eintreten solcher Wirkungen?
3. Welche Daten haben wir, welche Daten können wir erhalten, an denen wir solche Anzeichen absehen können?
4. Analyse und Bewertung anhand dieser Daten
5. Schlußfolgerungen / Konsequenzen ziehen

Vor dem Hintergrund dieses elementaren Fünferschritts, der bei jedem Evaluationsprozess bedacht werden sollte, haben sich vier Vorgehensweisen der Evaluation bewährt. Abb. III.3 zeigt diese Vorgehensweisen, die im Folgenden erläutert werden.

Abb. III.3 **Vier Vorgehensweisen der Evaluation**

1. **Wiederholung der Bestandsaufnahme / Diagnose**
2. **Dokumentation und Berichterstattung**
3. **Praxisforschung**
4. **Qualitätsindikatoren**

1. Wiederholung der Bestandsaufnahme/Diagnose

Eine einfache, aber dennoch sehr intensive Form der Evaluation ist die Wiederholung der ursprünglichen Bestandsaufnahme, an die sich eine gemeinsame Diagnose anschloss (vgl. Kap. II, 3. und 4.). Es handelt sich dabei letztlich um eine Art Bilanz oder um ein Review (= bilanzierender Rückblick) nach ein oder mehreren Jahren Schulentwicklung, angeleitet durch das Schulprogramm. Dabei werden die laufenden Aktivitäten ins Bewusstsein gerufen und nach Stärken und Schwächen analysiert; außerdem werden Befragungen und sonstige Datenerhebungen wiederholt. Auf diese Weise wird dem ganzen Kollegium und besser noch: der ganzen Schulgemeinde klar, was sich verändert hat und wie die Veränderungen einzuschätzen sind. Die Analyse des Angebots der Schule an Lerngelegenheiten kann besonders gut deutlich machen, ob Teile des Schulprogramms umgesetzt wurden.

Der Nachteil dieser Evaluation durch Wiederholung liegt darin, dass die besonderen Ziele des Schulprogramms nicht weiter geklärt und einzelne Entwicklungsschwerpunkte nicht gesondert evaluiert werden.

2. Dokumentation und Berichterstattung

Dokumentation und Berichterstattung ist eine Form der Evaluation, die etliche Schulen schon seit langem praktizieren, z.B. mittels Jahresberichten, Schulzeitungen, Projektberichten u.Ä.m. Diese beziehen sich allerdings bisher nicht auf ein Schulprogramm, und sie sehen zumeist von datengestützten »evidenten« Bewertungen ab.

Diese »Versäumnisse« können jedoch verhältnismäßig leicht behoben werden. Dazu gehört, solche Berichte und Dokumentationen strikt auf die (oder einige) Leitziele des Schulprogramms zu richten und alle verfügbaren Daten zu sammeln und zu systematisieren, um solche Berichte in Bewertungsurteile einmünden zu lassen.

So könnten die Jahresberichte regelmäßig den Stand der Schulprogrammumsetzung dokumentieren und begründete Werturteile darüber abgeben, was besonders gut gelungen ist und wo noch Handlungsbedarf besteht (statt »Schwächen« öffentlich zu machen, wozu vielerorts die Zeit noch nicht reif scheint). Eine Schulzeitung könnte dies häufiger als Jahresberichte tun; sie könnte auch Schwerpunkte legen auf einzelne Leitsätze, Entwicklungsschwerpunkte oder Projekte zur Realisierung des Schulprogramms.

Von besonderer Wichtigkeit ist die Dokumentation von Beispielen »gelungenen« Unterrichts, die zeigen, wie das Schulprogramm den Kern von Schule betrifft oder verändert, der ja fraglos in den Lernprozessen liegt.

Bei der Berichterstattung liegt es besonders nahe, die Veränderung der Angebote zu dokumentieren.

Die Dokumentation und Berichterstattung richtet sich nicht nur nach innen in das Kollegium, sondern auch nach außen an die gesamte Schulöffentlichkeit. Sie überschreitet also den engeren Raum der internen Evaluation.

3. Evaluation als Praxisforschung

In dem Maße, in dem die Datenerhebung systematisiert wird, nähert sich die Selbstevaluation der Schulforschung. Selbstevaluation ist ihrem Charakter nach nicht reine Wissenschaft, sondern Praxisforschung; die praktizierenden Lehrpersonen sind gleichzeitig Forscher. Diese neue Form der Aktionsforschung unterscheidet sich wesentlich von der bisherigen, bei der es wesentlich darum ging, die Trennung von Forschern (aus Hochschulen und Instituten) und Lehrpersonen zu verringern, indem den Beforschten Mitwirkungsmöglichkeiten gegeben und ihnen die erhobenen Daten zurückgespiegelt wurden. Evaluation als Praxisforschung ist viel konsequenter angelegt, indem hier die Trennung völlig aufgehoben wird. Die Lehrpersonen sind selbst die Forscher, die ihre eigene Schule, in diesem Fall: die Wirksamkeit des Schulprogramms, untersuchen. Wir nennen das Praxisforschung.

Schulen sind dazu nach unseren Erfahrungen häufig selbst in der Lage. Sofern sie es (noch) nicht sind, können sie es in Fortbildungskursen lernen. Wir raten davon ab, Wissenschaftler zur Selbstevaluation zu engagieren. Die Rolle der Wissenschaftler besteht eher darin, Fortbildungskurse anzubieten.

Schulen sind deshalb häufig selbst zur Evaluation in der Lage, weil sie vorhandene Instrumente übernehmen oder modifizieren können. Aber ohne entsprechende Instrumente und Methoden ist Praxisforschung nicht möglich (»Wenn man zum Fischen geht, muss man ein Netz mitnehmen –, und dies muss den passenden Zuschnitt haben). Abb. III.4 zeigt das Ensemble an Instrumenten und Methoden, die sich verwenden lassen. Man kann dabei qualitative von quantitativen Methoden unterscheiden. Qualitative Methoden sind z.B.:

- gezielte Gespräche und Interviews, die aufgezeichnet und ausgewertet werden,
- offene Fragebögen,
- Fotodokumentation,
- Checklisten
- Unterrichtsbeobachtung (nach einem Beobachtungsplan),
- Auswertung von Schülerarbeiten und Schuldokumenten,
- Tagebücher oder
- Aufnahmen/Videofilme.

Zu den quantitativen Verfahren zählen vor allem:

- standardisierte, geschlossene Fragebögen (bei denen die Antworten angekreuzt werden),
- die Analyse der Schulstatistiken und
- Tests.

Man sollte nicht qualitative Verfahren gegen die quantitativen ausspielen. Wir plädieren viel mehr für eine Kombination qualitativer und quantitativer Verfahren. Es hängt in erster Linie von der Fragestellung und dem Evaluationsziel ab, für welches Instrument man sich entscheidet. Gut ist eine Kombination, weil ein einzelnes Instrument schnell zur Routine wird und damit nicht mehr so wirksam ist. Eine Kombination verschiedener Methoden erlaubt darüber hinaus eine genauere Validierung der Ergebnisse.

Abb. III.4 **Instrumente / Methoden zur Datenerhebung**

Evaluationsbereich: ____

Technik	**Bitte ankreuzen**	**Begründung der Wahl/Ablehnung**
Gespräche, gezielt		
Interviews		
Fragebögen, offen		
Fragebögen, standardisiert		
Gruppendiskussionen		
Checkliste(n)		
Unterrichtsbeobachtung		
Auswertung der Schülerarbeiten		
Tagebücher		
Auswertung von Schuldokumenten (bitte spezifizieren)		
Aufnahmen/Videofilme		
Hospitationen		
Analyse der Schulstatistik		
Expressive Daten (Bilder, Symbole)		
Fotodokumentation		
Tests		
Andere (bitte spezifizieren)		

Die oben aufgeführte Übersicht soll Ihnen die Auswahl der Techniken erleichtern, mit denen Sie Daten für die Evaluation erheben können.

Legen Sie erst den Evaluationsbereich fest.

Kreuzen Sie jede Technik an, die Sie benutzen wollen.

Begründen Sie Ihre Wahl bzw. Ablehnung der angekreuzten Methoden kurz.

Diese Aufgabe sollte von den einzelnen Gruppenteilnehmern erst allein, dann von der Evaluationsgruppe gemeinsam bearbeitet werden.

Wenn bei den Fragebögen für die Bestandsaufnahme noch empfohlen werden kann, vorhandene Instrumente zu übernehmen bzw. zu modifizieren, so gilt das für die zielorientierte Evaluation nicht oder nur sehr eingeschränkt. Denn es wäre ein großer Zufall, wenn ein vorfindlicher Fragebogen zur besonderen Fragestellung eines Schulprogramms oder Entwicklungsschwerpunktes genau passen würde. Vielmehr ist davon auszugehen, dass Fragebögen maßgeschneidert, d.h. neu konstruiert werden müssen, nachdem die ersten drei Grundschritte der Evaluation gegangen wurden.

Die Konstruktion eines Fragebogens zum Zwecke der Selbstevaluation ist nicht so schwierig, wie es scheinen mag. Abb. III.5 gilt dafür die wesentlichen Hinweise.

Am wichtigsten bei der Fragebogenkonstruktion sind die Vorklärungen und dabei die Bemühungen zur Eindeutigkeit. Wenn gefragt wird, ob sich die Unterrichtsdifferenzierung bewährt hat, wäre vorher zu klären, welche Formen überhaupt gemeint sind (innere oder äußere und bei innerer Freiarbeit oder Gruppenarbeit oder Partnerarbeit oder ...). Viele Fragen sind einfach zu »groß«, um beantwortet werden zu können, z.B. die nach der Belastung von Lehrpersonen. Man muss sie deshalb kleiner arbeiten, z.B. Fragen nach Belastung

- im Unterricht (Fächer usw.),
- im fachfremden Unterricht (eventuell bei Vertretungen),
- in den Konferenzen,
- bei Schulratsbesuchen,
- morgens oder mittags

usw.

Es müssen bei komplexen Sachverhalten also immer mehrere Fragen gestellt werden, und diese Fragen sollten immer eindimensional sein. Eine typisch zweidimensionale Aussage, die nicht eindeutig beantwortet werden kann, lautet z.B. »Die Leitung ist kompetent und kollegial«. Die Leitung kann kompetent, aber nicht kollegial sein oder kollegial und nicht kompetent oder beides oder beides nicht. Schließlich ist noch vor der Formulierung falscher Alternativen zu warnen, z.B. die Aussage: »Soziales Lernen statt Leistungsoptimierung«. Man kann dem zustimmen, aber auch der Meinung sein, dass sowohl soziales Lernen als auch Leistungsoptimierung anzustreben sind und beides auch vereinbar ist. Das lässt sich nicht in einer einzigen Frage, sondern nur mittels zweier Aussagen ausdrücken.

4. Evaluation mittels Qualitätsindikatoren

Die anspruchsvollste, aber vermutlich auch direkteste Form, ein Schulprogramm zu evaluieren, besteht darin, für die Leitsätze und/oder für die Entwicklungsschwerpunkte Qualitätsindikatoren zu formulieren (vgl. dazu Buhren, C.: Selbstevaluation mit Qualitätsindikatoren. In: Journal Schulentwicklung, H.3, 1997, S. 70–74).

Abb. III.5 **Tipps für die Konstruktion von standardisierten Fragen**

Vorweg ist zu klären:

- Was muss ich unbedingt wissen? (Was geht mich nichts an?)
- Wie formuliere ich die Frage, damit ich eine Antwort genau auf meine Frage bekomme? Auf Eindimensionalität achten!
- Welche Antwortmöglichkeiten biete ich an? (Einschätzskala, Entscheidungsfrage, Multiple Choice, offene Antwortmöglichkeit)
- Wie nehme ich dem Fragebogen seinen streng formalen Charakter?
- Wie helfe ich den Teilnehmer/innen beim Ausfüllen des Fragebogens? (Anleitung, eingestreute Hinweise, Layout des Fragebogens)

Beispiele für Fragentypen:

➔ *Skalierte Frage / Einstellungsfrage*

Die Teilnehmer beantworten eine Frage durch Ankreuzen auf einer Einschätzskala.

z.B. »Wissenschaftliche Grundlagen sind für meine Arbeit sehr wichtig.«

trifft nicht zu ☐ ☐ ☐ ☐ ☐ trifft zu.
-2 -1 0 +1 +2

Manchmal sollte die Mittelkategorie fortfallen.

➔ *Entscheidungsfrage / Faktfrage*

»Sind Sie Mitglied der Schulleitung?« Ja ☐
Nein ☐

➔ *Multiple-Choice-Frage*

»Welches ist Ihr fachlicher Schwerpunkt in der Arbeitslehre?«

Haushaltslehre ☐
Technik ☐
Wirtschaftslehre ☐

➔ *Offene Antwortmöglichkeit*

»Bitte schreiben Sie in Stichworten auf, was Ihnen an der Maßnahme gefallen bzw. nicht gefallen hat.«

Mir hat gefallen: _

_ _

Mir hat nicht gefallen: _

_ _

Bei der Evaluation durch Qualitätsindikatoren geht es zunächst – wie bei jedem Verfahren – darum, den Bereich bzw. Gegenstand der Evaluation zu bestimmen: Will man alle Leitsätze untersuchen (was mit ziemlicher Sicherheit eine Überforderung wäre) oder nur einen oder zwei? Soll außerdem der Entwicklungsschwerpunkt evaluiert werden oder soll es nur um dessen Umsetzung gehen und der Entwicklungsschwerpunkt sozusagen stellvertretend für das ganze Schulprogramm stehen?

In einem zweiten Schritt sind die Standards zu klären: Was versteht man überhaupt unter Qualität? Ist das in den Lehrplänen festgelegt oder geht das aus dem Bildungsverständnis der Schulgemeinde (oder der Abnehmer) hervor? Vielleicht kann man sich auch am Durchschnitt orientieren (wenn er bekannt ist) und versuchen ihn auch zu erreichen oder besser zu sein, oder gar am Besten zu sein (was vermutlich hoffärtig wäre).

Die Qualitätsstandards sind im nächsten Schritt in Kriterien zu übersetzen. Welche Kriterien existieren z.B. für mehr Schülerorientierung oder für einen qualitativ besseren Mathematikunterricht? Kriterien haben große Nähe zu den Zielen.

Für diese Kriterien sind dann Indikatoren zu bestimmen. Unter Indikatoren versteht man Anzeiger, Kennzeichen oder Merkmale, die die Kriterien eben anzeigen oder kennzeichnen oder die Merkmale davon sind.

Für diese Indikatoren sind Messinstrumente zu finden (aus dem in Abb. III.5 enthaltenen Repertoire), mit Hilfe derer man Daten sammeln kann, die dann analysiert und interpretiert und schließlich in Konsequenzen umgesetzt werden – allerdings nicht, ohne die Ergebnisse vorher den Untersuchten (den Lehrern, Schülern oder Eltern) zurückzuspiegeln und mit Ihnen zu besprechen. Abb. III.6 zeigt diesen Zyklus der Qualitätsevaluation.

Am Schwersten fällt nach unseren Erfahrungen, die Indikatoren von den Kriterien zu unterscheiden. Abb. III.7 (S. 118) enthält zwei Beispiele für Qualitätsindikatoren. Ein Beispiel ist allgemeinpädagogischer Art: Leistungsbereitschaft der Schüler (was ein Leitsatz sein könnte). Das zweite Beispiel ist fachdidaktisch ausgerichtet: Verbesserung des Mathematikunterrichts (was ein Entwicklungsschwerpunkt sein könnte).

In vielen Fällen werden Indikatoren genannt, die man sinnvoller als Kriterien ansehen sollte. Im Beispiel A sind Aussagen wie: die Schülerinnen und Schüler

- sind bereit, sich anzustrengen,
- fördern die Arbeitsatmosphäre,
- zeigen Führungsqualitäten und
- denken über Fachgrenzen hinaus

eher als Kriterien anzusehen, denn als Indikatoren. Sie sind eher Ziele als konkrete »Anzeiger« der Ergebnisse.

Im Beispiel B wird der Klarheit halber versucht, Kriterien und Indikatoren direkt gegenüberzustellen. Ebenso viel Aufmerksamkeit wie diese Unterscheidung verlangt die Zuordnung von Messinstrumenten zu den Indikatoren. Im Beispiel B wäre z.B. zu fragen, wie man messen kann, ob Schüler Mathematik im Leben anwenden. Wenn man diese Frage nicht beantworten kann, hat man auch keinen Indikator gefunden.

Abb. III.6 **Zyklus der Qualitätsevaluation**

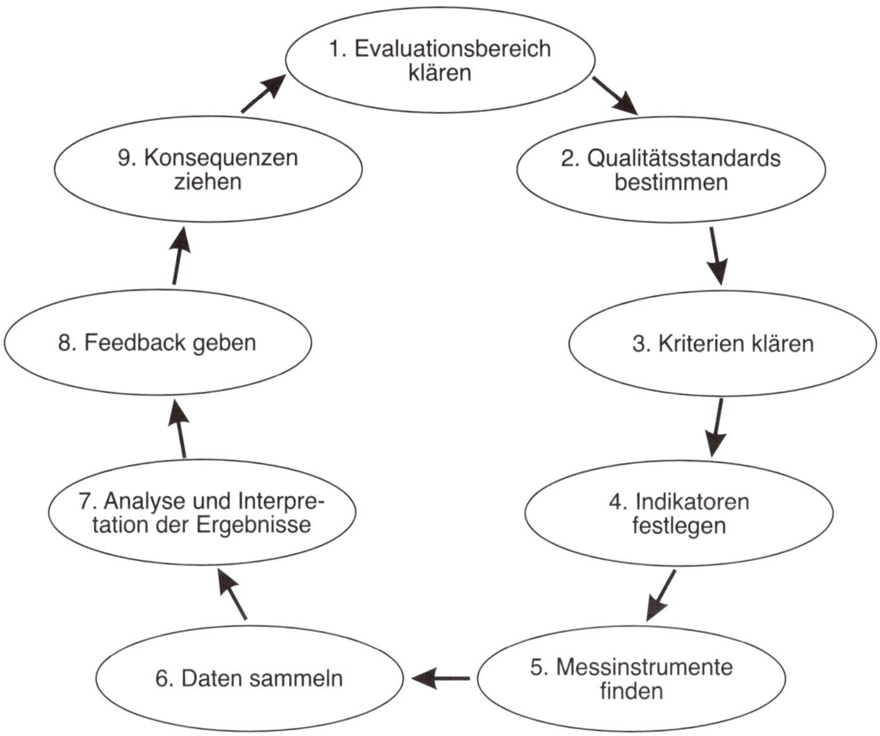

Evaluation muss organisiert werden

Der Durchgang durch die vier genannten Vorgehensweisen der Evaluation zeigt, dass Evaluation keine nebenher zu erledigende Aufgabe ist. Es müssen Prozesse organisiert, Beteiligungen geklärt, Instrumente ausgesucht oder selbst konstruiert und Beschlüsse über Konsequenzen herbeigeführt werden. Dies ist nicht allein Schulleitungsaufgabe, nicht nur der Belastung, sondern der Betroffenheit aller wegen.

Soweit bisher Erfahrungen vorliegen hat es sich bewährt, eine schon bestehende Steuergruppe mit der Organisation des Evaluationsprozesses zu betrauen oder eine spezielle Evaluationsgruppe einzurichten. Diese Gruppe muss selber noch lernen, wie Evaluation am Besten durchzuführen ist. Sie kann es durch Tun lernen, durch Fortbildung und durch Unterstützung seitens eines Beraters. Austausch mit anderen Schulen und Vernetzung mit anderen Evaluationsgruppen helfen ebenfalls weiter.

Abb. III.7 **Beispiele für Qualitätsindikatoren**

A. Indikatoren für Leistungsbereitschaft

Die Schülerinnen und Schüler ...
... sind aufgeschlossen, neugierig, offen
... arbeiten freiwillig am Thema weiter
... beteiligen sich interessiert
... bringen eigenes Material ein
... sind bereit, sich anzustrengen
... übernehmen zusätzliche Aufgaben
... zeigen eine zuverlässige Arbeitshaltung
... stellen Zusatzfragen
... fördern die Arbeitsatmosphäre
... suchen nach eigenen Lösungswegen
... zeigen Führungsqualitäten
... denken über Fachgrenzen hinaus

B. Kriterien und Indikatoren für verbesserten Mathematikunterricht (für Klasse 5/6)

Kriterien	Indikatoren
Rechenfertigkeit	schriftlich / mündlich
Rechenschnelligkeit	schriftlich / mündlich
Rechenausdauer	Konzentration läßt bei langen / vielen Aufgaben nach
Problemlösungsfähigkeit	vollziehen nach, übertragen, entwickeln selbst
Darstellungsfähigkeit	stellen inhaltlich strukturiert dar
Begeisterungsfähigkeit	zeigen Interesse an verschiedenen Lösungswegen
Verbalisierungsfähigkeit	drücken sich fachspezifisch aus
Manuelle Fertigkeiten	nützen mathematische Hilfsmittel
Lebensbewältigung	wenden Mathematik in anderen Fächern, im Leben an

Quelle: Trainingsseminar des IPTS/Kiel

Externe Evaluation muss sein

Interne Evaluation hat Vorrang. Aber externe Evaluation muss auch sein. Dies leitet sich aus unterschiedlichen Begründungen ab.

Zum einen ist es eine einsichtige Tatsache, dass Selbstbeobachtungen immer ihren blinden Fleck haben. Lehrereinschätzungen sind nahezu zwangsläufig einseitig und möglicherweise zu wenig selbstkritisch. Wenn die Selbstbeobachtungen nicht durch einen fremden Blick ergänzt werden, dann wird die eigenen Wahrnehmung zu selektiv.

Zweitens gehört das Bildungssystem zu einer der teuersten gesellschaftlichen Einrichtungen. Angesichts leerer Staatskassen gerät auch und vor allem die Schule – wie andere öffentliche Einrichtungen – zunehmend unter Rechtfertigungszwang. Schule muss ihre Qualität nach außen nachweisen.

Die entscheidende Frage liegt allerdings in den Verfahren und Vorgehensweisen externer Evaluation: ob man die Schulen zur externen Evaluation zwingt oder ob man mit externer Evaluation an interne Evaluation anschließt. Bedeutsam ist auch die Frage, welche Funktion der Schulaufsicht dabei zukommt.

Es gibt im europäischen Raum mindestens fünf verschiedene Modelle externer Evaluation, die wir kurz nennen möchten,, um zu zeigen, dass externe Evaluation keine Domäne der Schulaufsicht ist, aber irgendwann mit der Schulaufsicht zu tun haben muss (vgl. Abb. III.8).

Abb. III.8 **Modelle externer Evaluation**

1. **Standardisierte Tests**
2. **Audit** (systematische Untersuchung durch unabhängige Experten)
3. **Peer-Review** (ohne Schulaufsicht)
4. **Schulberatungsbesuch** (mit Schulaufsicht)
5. **Visitationen** (durch Schulaufsicht)

Standardisierte Tests sind in Deutschland eine noch recht junge Erscheinung. Es handelt sich um zentrale Leistungstests, die in erster Linie die erreichten Lernleistungsstandards der Schüler/innen, und zwar vor allem die im Bereich der Kognition liegenden Lernleistungen, erfassen.

Audits sind systematische Untersuchungen durch Expert/innen. Diese Expert/innen für Evaluation, die oft gar keine Pädagog/innen sind, hospitieren im Unterricht, protokollieren ihre Beobachtungen und schicken diese Berichte dann an die sie beauftragenden Behörden. Ähnlich wie bei den standardisierten Leistungstests steht hier demnach die externe Kontrolle (z.T. mit schulfremden Kriterien) im Vordergrund. Es gibt kein dialogisches Vorgehen zwischen den »Kontrollierten« und den »Kontrolleuren«, und nicht zuletzt deshalb ist diese Form wenig wirksam für Schulentwicklung durch Schulprogramme.

Anders dagegen sind die Peer-Reviews einzuschätzen: Hier laden Schulen Kolleg/innen anderer Schulen, so genannte kritische Freunde ein, die sie sich selbst aussuchen, z.B. Steuergruppen aus anderen Schulen, oder auch Lehrerfortbildner, Eltern oder Hochschulangehörige. Diese geben ein kritisches Feedback und ergänzen damit die Ergebnisse und Erkenntnisse einer vorangegangenen Selbstevaluation.

Die vierte der o.g. Formen – der Schulberatungsbesuch – ist dem Peer-Review sehr ähnlich, nur dass diesmal der zuständige Schulaufsichtsbeamte dabei ist. Im Vordergrund steht aber auch hier – wie es der Name sagt – Beratung und nicht Kontrolle.

Das fünfte Modell ist die Pflichtvisitation durch die Schulaufsicht. Diese Verfahren werden wir vermutlich bald in einigen Bundesländern kennen lernen. In Bremen wurde bereits 1995 gesetzlich beschlossen, dass die Schulaufsicht zur Inspektion wird. Diese erhebt Daten in den Schulen, die an die Behörden weitergeleitet werden.

Authentische Evaluation statt Fassadenevaluation

Externe Evaluation ist mit vielen Problemen verbunden, gerade wenn sie – wie in den o.g. Modelle angedeutet – den Schulen von außen »aufgedrückt« wird. Sie kann dazu führen, dass Schulen Fassadenevaluation betreiben.

Es gibt kein Evaluationsverfahren, schon gar kein externes, das nicht zu unterlaufen wäre. Wenn Evaluation von außen »aufgesetzt« wird, wenn es keine gemeinsamen Vereinbarungen gibt, dann wird es Fassaden geben. Deshalb ist Evaluation nur oder vor allem wirksam, wenn sich eine Kultur bzw. eine Ethik authentischer Evaluation entwickelt.

Ethik der Evaluation

Zu einer Ethik der Evaluation gehört, dass niemand an den Pranger gestellt werden darf. Nur wenn die betroffenen Person es will, dürfen personengebundene Daten weitergegeben werden.

Damit ist bereits ein weiterer wichtiger Punkt – nämlich der Datenschutz – angesprochen. Diesbezüglich führen externe und interne Evaluation derzeit zu einer hohen Rechtsunsicherheit. Es sind viele Fragen ungeklärt und die ethische Forderung wäre, dass eine Datenhoheit bestehen muss. Die Daten, die Personen erheben, gehören den Personen. Folglich gehören auch die Daten, die von den Schulen erhoben werden, den Schulen. Die Schulen entscheiden darüber, was mit den Daten geschieht; ob sie weitergegeben werden oder nicht. Das schließt selbstverständlich nicht aus, das auch Behörden an den Schulen Daten erheben und diese Daten veröffentlichen dürfen.

Drittens gehört auch Mehrperspektivität zu einer Ethik der Evaluation: Das bedeutet, sich nicht nur selber zu bespiegeln, sondern sich auch fremd evaluieren zu lassen, von Schüler/innen, Eltern und Kolleg/innen. In der Schulforschung wird hierfür auch der Begriff der Triangulation benutzt, also die Sicht aus drei Winkeln.

Viertens gehört zu Ethik der Evaluation, dass das Grundmuster der Kommunikation dialogisch ist. Dialogisch vorgehen heißt auch, die Kriterien, nach denen evaluiert wird, untereinander zu klären. Es müssen gemeinsame Zielvereinbarungen ausgehandelt werden, intern mit anderen Kolleg/innen und – bei externer Evaluation – mit den Behörden.

Feedback geben ist ebenfalls ein wichtiges Kriterium einer Ethik der Evaluation, das hier zuletzt, aber nicht als Letztes genannt werden soll.

Kultur der Evaluation

Mit Evaluationskultur meinen wir in erster Linie die Herstellung von Transparenz und Akzeptanz. Es muss so etwas wie Zuverlässigkeit geben und Verfahren müssen transparent sein. Vertrauen muss – wie Luhmann sagt – durch Verfahren hergestellt und damit von der Willkürlichkeit einzelner Personen gelöst werden. Dazu gehört:

- Den Nutzen antizipieren: also deutlich machen, wozu die Evaluation eigentlich dient, was und wem sie nutzen soll.
- Einen Evaluationsausschuss bilden. Niemand sollte alleine evaluieren, schon allein aus Gründen der kommunikativen Validierung. Evaluation darf auch nicht allein durch die Schulleitung geschehen. Deren Funktion besteht vielmehr darin, einen Ausschuss zu bilden, Personenschutz zu sichern, rechtliche Fragen zu klären und für anspruchsvolle, professionelle Verfahren zu sorgen.
- Klein anfangen; also keine Breitbandevaluation durchführen, sondern mit einer Bereichsevaluation beginnen: zu einem Leitsatz oder einem Entwicklungsschwerpunkt.
- Nicht zu umfangreiche Berichte erstellen: Erfahrungen aus anderen Ländern zeigen, dass Berichte nicht länger als 15 Seiten lang sein sollten, damit sich noch rezipierbar sind.
- Vorhandene Daten nutzen: Daten müssen nicht immer neu erhoben werden. An vielen Schulen finden sich riesige »Datenfriedhöfe«, auf denen die Daten bisher nur ruhen, also nicht genutzt werden.
- Vorhandene Instrumente übernehmen und modifizieren. Es müssen nicht immer wieder Neue erfunden werden. Vorhandene Instrumente sollen aber an die eigene Situation, die eigene Fragestellung angepasst, können also nicht einfach übernommen werden. Ein Austausch mit anderen Schulen ist lohnend.
- Feedback üben: Entscheidend bei Evaluation ist, dass man über die Ergebnisse spricht, dass man sie kommunikativ validiert. Und man muss denjenigen, von denen die Daten kommen, Feedback geben. Das verlangt nach einer pädagogischen Grundqualifikation, die zwar trivial erscheint, aber schwierig ist und deshalb trainiert werden muss.
- Fortbildung für alle Beteiligten, bei denen Evaluation – wie das Feedback geben – geübt wird.
- Veröffentlichung der Erfahrungen: Die eignen Erfahrungen zu veröffentlichen, ist notwendig, um Anregungen und Erkenntnisse an andere Schulen weiterzugeben. Veröffentlichung der Erfahrung dient zudem einer öffentlichen Rechenschaftslegung und kann zu einer besonderen Reflexion der dokumentierten Prozesse führen. Sie ist damit ein wichtiger Schritt in Richtung einer Evaluationskultur.
- Und schließlich: Konsequenzen aus der Evaluation ziehen, sonst lässt sie ihren Nutzen nicht erkennen.

Experimentieren geht vor Regulieren

Wir fassen zusammen: Evaluation sollte – will sie der Schulentwicklung und der Qualitätssicherung dienen – in erster Linie Selbstevaluation sein. Die Initiierung von Evaluationsprozessen sollte zunächst von den Schulen, von den Akteuren selbst ausgehen. Selbstevaluation allein kann allerdings die Qualität nicht hinreichend sichern. Deshalb bedarf es auch der externen Evaluation. Diese darf den Schulen allerdings nicht »übergestülpt« werden.

Wir möchten abschließend noch einmal ausdrücklich betonen: Es geht nicht darum, Evaluation anzuordnen. Es geht auch nicht darum, um Vertrauen zu buhlen. Es geht darum, Akzeptanz durch transparente und dialogische Verfahren zu erzielen. Sonst wird es Fassadenevaluation geben.

Das bedeutet – zumindest für die nächsten Jahre: Es geht nicht um Regulieren, sondern um Experimentieren.

3. Fortschreibung

Für die Fortschreibung des Schulprogramms ist es nahezu unverzichtbar, eine Arbeitsgruppe einzurichten. Wenn in der Schule eine Steuergruppe vorhanden ist, kann sie diese Aufgabe übernehmen. Gab es bisher eine Schulprogrammentwicklungsgruppe, so wäre zu klären, ob sie fortgeführt wird und die Aufgaben der Fortschreibung übernimmt. Sie müsste durch die Lehrerkonferenz und eventuell auch von der Schulkonferenz ein neues, zeitlich befristetes Mandat erhalten und vermutlich auch einige neue Mitglieder wählen, wobei einige bisherige für Kontinuität sorgen könnten.

Wir nennen diese Gruppe gern Schulprogrammbegleitgruppe. Sie hätte neben der schon behandelten Aufgabe der Evaluation etliche weitere Aufgaben zu erledigen:

- Planung und Koordinierung der Umsetzung von Entwicklungsschwerpunkten, Jahresarbeitsplänen und Abmachungen.
- Regelmäßige Unterrichtung der Lehrer- und Schulkonferenz über den Stand der Umsetzung des Schulprogramms.
- Unterstützung der Fortbildung.
- Organisation von Veranstaltungen für das ganze Kollegium oder für die Schülerschaft zum Schulprogramm, z.B. Schulfeste, Projektwochen, Schulzeitung, Pädagogische Tage u.a.

Die Schulprogrammbegleitgruppe müsste zudem eine Art innerschulisches Marketing für das Schulprogramm betreiben, das auch nach außen ausstrahlen sollte. Beispiele dafür sind die schon genannte Schulzeitung, aber auch

- eine Posterwand, die über die neuesten Aktivitäten und Ergebnisse im Zusammenhang mit der Umsetzung informiert,
- Propagierung von »Leitsätzen des Monats« oder »Leitsätzen des Schulhalbjahres«, die aus dem Schulprogramm stammen und die für diesen Zeitraum besonders präsent gemacht werden,
- Schülerwettbewerbe zu Aspekten des Schulprogramms,
- Schulinterne Fortbildung (Schilf) zu Aspekten des Schulprogramms.

Wenn neue Kolleginnen und Kollegen dazukommen, steht das Schulprogramm zumindest für diese neu zur Debatte. Das ist auch eine Chance, das Schulprogramm mit neuem Leben zu füllen. Es muss ihnen von der Leitung oder der Schulprogrammbegleitgruppe erläutert werden, eventuell auch von der Fachgruppe. Auf diese Weise bleibt es Gesprächsthema.

Das Hauptproblem besteht allerdings darin, dass neue Kollegiumsmitglieder an der Erstellung des Schulprogramms nicht selber mitgewirkt haben und deshalb mehr oder weniger große Schwierigkeiten haben, dessen gemeinten Sinn zu verstehen und sich zu Eigen zu machen. Aber auch das ist eine Chance für die Thematisierung und sogar auch für die Umsetzung des Schulprogramms. Es könnte und sollte dazu dienen, die wieder- oder neuzubesetzenden Stellen »entlang des Schulprogramms« auszuschreiben, um auf diese Weise »passende« neue Kolleginnen und Kollegen zu rekrutieren. Auf diese Weise erhält die sog. schulscharfe Ausschreibung von Stellen überhaupt erst ihre pädagogische Bedeutung. Entsprechendes trifft auch auf frei werdende Leitungsstellen zu. So werden Schulen um Personal ergänzt, das zu ihnen paßt.

Wenn ein größerer Anteil des Kollegiums, welches das Schulprogramm erarbeitet hat, nicht mehr an der Schule ist, stellt sich selbstverständlich die Frage der gründlichen Überarbeitung und Fortschreibung. Wie groß dieser Anteil ist, lässt sich bisher schwer sagen (Erfahrungen und Forschungen liegen ja noch nicht vor). Wir schätzen jedoch, dass dieser Anteil etwa bei einem Drittel liegt.

Eine Fortschreibung steht nach einigen Jahren ohnehin an, weil sich ja nicht nur das Kollegium ändert, sondern auch die Schülerschaft, die Eltern und das Umfeld insgesamt. Wann der dadurch beeinflusste Zeitpunkt zur Fortschreibung gekommen ist, hängt auch von der Art und Heftigkeit des gesellschaftlichen Wandels ab. Im Augenblick sieht es so aus, als empfehle es sich, das Schulprogramm alle fünf bis sieben Jahre gründlich zu überprüfen und gegebenenfalls fortzuschreiben.

Die Arbeit am Schulprogramm hört also nie auf. Das ist kein Problem und auch kein Wunder. Denn Schulentwicklung hört auch nie auf. Und die Arbeit am Schulprogramm ist vermutlich dafür der Königsweg.

Teil IV: Künftige Entwicklungsaufgaben

Einerseits wird in so gut wie in allen Bezugserlassen der Bundesländer zur Schulprogrammarbeit die Verbesserung der Unterrichtsqualität als Kernaufgabe formuliert, eine Übereinstimmung, die durch die Veröffentlichung der PISA-Studie noch verstärkt wurde. Andererseits wissen wir aus den ersten empirischen Untersuchungen zur Schulprogrammentwicklung (Hessen, Hamburg, Nordrhein-Westfalen), dass die Unterrichtsentwicklung – neben der Fortbildungsplanung und Evaluation – in den Programmen noch eher randständig behandelt wird (vgl. Ministerium für Schule/Landesinstitut für Schule 2002). Aus dieser Tatsache ergibt sich als dringendste Entwicklungsaufgabe der Schulprogrammarbeit der Einzelschule, die Unterrichtsentwicklung nachhaltig zu betonen. Die zweite dringliche Entwicklungsaufgabe sehen wir in der Erarbeitung von Leitbildern.

1. Verbesserung der Unterrichtsqualität als Kernprozess

Auch wenn allenthalben die Verbesserung des Unterrichts als Kernprozess gefordert wird, ist die rasche Umsetzung dieser Aufgabe – wie die Empirie zeigt – sehr schwierig, was systematische Gründe hat. Dass die Verbesserung der Unterrichtsqualität alles andere als ein Automatismus ist, hat sicherlich zunächst mit den mentalen Vorbehalten von Lehrkräften zu tun, die sich aus der traditionellen Lehrerrolle speisen: »Mein Unterricht gehört mir« dürfte die zugespitzte Formulierung für eine Berufsrolle sein, in der (einsames) Einzelkämpfertum nach wie vor dominiert. Dieses mentale Modell überlässt die Verbesserung von Unterricht letztendlich individuellen Vorlieben, wenn überhaupt die Unterrichtsqualität infrage gestellt wird. Demgegenüber wissen wir, dass die Unterrichtsqualität steigt, wenn in »Professionellen Lerngemeinschaften« (»learning communities«) gemeinsam an der Unterrichtsentwicklung gearbeitet wird. Diese professionellen Lerngemeinschaften sind strikt an der Verbesserung der Lernleistungen von Schülerinnen und Schülern orientiert.

Als Voraussetzung einer gelingenden Verbesserung von Unterricht ist also sicherlich der Grad der Teamentwicklung im Kollegium zu sehen, was auf die Tatsache verweist, dass, wer Unterricht verändern will, nicht nur Unterricht verändern kann. Diesen »Merksatz« hat eindrucksvoll das bisher wohl prominenteste Schulentwicklungsprojekt der Bundesrepublik »Schule & Co.« (in Nordrhein-Westfalen) bestätigt. In der Vorab- und Abschlussevaluation, die einer der Autoren (H.-G. Rolff zusammen mit J. Bastian) durchgeführt hat, war ein zentrales Ergebnis, dass Unterrichtsentwicklung nur gelingt, wenn sie von Maßnahmen der Organisationsentwicklung gestützt und von Qualifizierungsbausteinen in Teams ergänzt wird. Insofern konnte in diesem Projekt unsere mehrfach geäußerte These, Schulentwicklung als Trias von Unterrichts-, Personal- und Organisationsentwicklung zu denken, bestätigt werden (vgl. dazu Horster/Rolff 2001 u. Buhren/Rolff 2002).

Ein weiteres Ergebnis aus dieser Evaluationsstudie scheint uns gerade für den Kernprozess Schule, nämlich die Verbesserung der Unterrichtsqualität, bedeutsam zu sein: Es ist dies die Frage nach den Gelingensbedingungen für Unterrichtsentwicklung. Aus den Erfahrungen von »Schule & Co.« haben sich aus unserer Sicht vier Bedingungen als relevant erwiesen, die ein Gelingen oder Scheitern bestimmen. Entscheidend ist demnach:

- Ob es einen Anstoß von außen gibt, der den Lehrkräften alltagstauglich erscheint und sich an die ganze Schule richtet;
- inwieweit es einer Schule gelingt, das Angebot auf die eigene Schule zu übertragen und ihm einen zentralen Platz zu geben;
- inwieweit Teamarbeit und Kooperationsstrukturen in der Schule zur Gestaltung und Reflexion von Unterrichtsentwicklung genutzt werden;
- inwieweit sich Unterrichtsentwicklung konsequent daran orientiert, die Unterstützung der Lernprozesse der Schülerinnen und Schüler zu optimieren.

Hiermit sind vier Bedingungsgrößen benannt, deren Beachtung Schulen besser in die Lage versetzt, die Unterrichtsentwicklung als Kern des Schulprogramms zu verankern und vor allen Dingen umzusetzen.

2. Vom Leitbild zum Schulprogramm: Zwei Fallbeispiele

Der schmale Forschungsstand scheint sich uneinheitlich darzustellen: Nur 38% der Hamburger Schulprogramme enthalten ein explizites Leitbild (vgl. Holtappels u.a. 2002, S. 232). Demgegenüber hat jede zweite nordrhein-westfälische Schule (51%) Leitbildideen in ihrem Schulprogramm stehen (vgl. Burkard 2000, S. 19). Diese beiden Ergebnisse aus den (deutschen) Bundesländern, in denen alle Schulen ihre Programme landesweit vorgelegt haben, könnten darauf verweisen, dass Leitbilder (noch) nicht zu den Standards der Schulprogrammentwicklung gehören. Fast wichtiger als dieses – etwa für Interventionsstrategien – bedeutsame Ergebnis scheint mir die Tatsache zu sein, dass bei Schulen mit Leitbildideen die Verknüpfung von Leitbild und Schulprogramm zu wünschen übrig lässt. Ohne Anspruch auf abgesicherte, inhaltsanalytische Empirie ist mein persönlicher Eindruck (»face-validity«) aus der Kenntnis von nicht wenigen Schulprogrammen, dass das Leitbild relativ häufig ein isolierter, additiver Textbaustein ist, der mit dem übrigen Programmtext in keinerlei oder nur sehr schwachem Zusammenhang steht. »Stimmigkeit« ist ein wichtiges Merkmal gelungener Leitbildarbeit, und diese innere Konsistenz ist es, die häufig zu fehlen scheint.

Die übergeordnete Bedeutung von Leitbildern dürfte darin liegen, »dass es bei der Disziplin der gemeinsamen Vision im wesentlichen darum geht, eine möglicherweise bislang nicht existente gemeinsame Bedeutung aufzubauen« (vgl. Senge u.a. 1996, S. 346). Dieser potentiell sinnstiftende Aspekt eines »vision statement« ist dann schwerlich zu erreichen, wenn Visionserklärungen in Hochglanzbroschüren den Mitarbeitern von der Leitung aufoktroyiert werden. Auf diese Weise wird eine der wichtigsten Funktionen eines Leitbildes – die Identifikation – stark beeinträchtigt bzw. sogar konterkariert (vgl. Belzer 1998[2], S. 32). Damit sind wir bei einem zweiten Problemkreis schulischer Leitbildarbeit, dem Entstehungsprozess, der über die Partizipation von möglichst vielen Lehrkräften dazu beitragen sollte, dass sich dann auch möglichst viele Personen damit identifizieren können. Dies klingt zunächst verdächtig nach allgemeiner »OE-Prosa«, und es stellt sich die Frage – zumal in größeren Schulkollegien –, wie diese Beteiligung am Leitbild-Entstehungsprozess methodisch umzusetzen ist.

Diese beiden hier nur angerissenen Problembereiche der Leitbildentwicklung: Der Methodische der Leitbild-Entstehung und der inneren Konsistenz (»Stimmigkeit«) möchten wir in zwei Fallberichten nachgehen. Vorher müssen allerdings noch Aufgaben und Funktionen, Methoden sowie Merkmale von Leitbildern geklärt werden.

Aufgaben und Funktionen von Leitbildern

Ausgehend von allgemeinen, organisationstheoretischen Überlegungen Belzers zu den unterschiedlichen Funktionen eines Leitbildes (vgl. Belzer 1998[2], S. 20ff.) schlagen wir die folgende schulspezifische Systematik zu den möglichen Aufgaben und Funktionen des Leitbildes im Rahmen der jeweiligen Schulprogrammentwicklung vor. Demzufolge können zunächst diese drei Funktionsebenen unterschieden werden:

- Aufgaben und Funktionen, die sich auf die Schule selbst beziehen;
- Aufgaben und Funktionen, die sich auf das Personal (Lehrkräfte/Schulleitung etc.) beziehen;
- Aufgaben und Funktionen, die sich auf das schulische Umfeld beziehen.

Bei den **schulinternen Funktionen** lassen sich vier Bereiche beschreiben: Die »*Orientierungsfunktion*« von Leitbildern liegt darin, dass mit ihnen die angestrebten Visionen, Ziele, aber auch Wege zur Umsetzung beschrieben werden. Mit der »*Kohäsionsfunktion*« – die in besonderer Weise für große Schulen mit mehreren Abteilungen und Dependancen zutrifft – ist die Tatsache gemeint, dass das Leitbild eine gute Möglichkeit ist, den Zusammenhalt der Gesamtorganisation zu festigen (vgl. a.a.O., S. 20). Die »*Koordinationsfunktion*« beschreibt das Potential von Leitideen, schulweit zu fällende Entscheidungen aufeinander abzustimmen. Schließlich ist als vierte und für mich wichtigste schulinterne Aufgabe des Leitbildes, die »*Reflexionsfunktion*« zu nennen: In diesem Sinne kann das Leitbild als Reflexionsmatrix ein strategisches Instrument zur Prioritätensetzung sein.

Bei den **personalbezogenen Funktionen** können drei Funktionszuschreibungen unterschieden werden: Die »*Identifikationsfunktion*« liegt darin, dass das Leitbild die Identifikation der Lehrkräfte mit den Zielen und dem Selbstverständnis der eigenen Schule verbessern kann. Dies dürfte dann gut erreicht werden, wenn bei dem Entscheidungsprozess über die Leitbildideen ein hohes Maß an Beteiligung gegeben war. Eng mit diesem ersten Punkt hängt die »*Motivationsfunktion*« zusammen: Ein Leitbild kann dazu beitragen, dass sich Lehrerinnen und Lehrer stärker für die und in der Schule engagieren – »Empowerment« wäre hier im Sinne der Theorie der Selbstwirksamkeit der passende Anglizismus. Ähnlich wie bei den organisationsbezogenen Funktionen ist drittens die »*Orientierungsfunktion*« zu nennen: In kritischen Zeiten und neuen Situationen kann der Rekurs auf die im Leitbild explizierten Grundwerte durchaus hilfreiche Orientierungen geben.

Des weiteren sind die **schulumfeldbezogenen Funktionen** in zweierlei Hinsicht zu sehen: Mit der »*Legitimationsfunktion*« wird das schulische Handeln nach außen (Betriebe, Schulaufsicht, Öffentlichkeit) vermittelt und gerechtfertigt. Bleibt schließlich die nicht zu unterschätzende »*Informationsfunktion*«, in der das Leitbild – ähnlich dem gesamten Schulprogramm – zu einer verbesserten Außendarstellung und somit zur Öffentlichkeitsarbeit beitragen kann.

Ob die unterschiedlichen Leitbildaufgaben und Funktionen im einzelschulischen Entwicklungsverlauf erfüllt bzw. umgesetzt werden, hängt in sehr starkem Maße vom Entstehungsprozess ab. In diesem Prozess kommt es – auf der Grundlage des OE-Mantras »Betroffene beteiligen« – auf die richtige Mischung zwischen »top-down«- und »bottom-up«-Strategien an. Allerdings wäre das betriebswirtschaftliche Motto »Top-down for targets« – »Bottom-up for how to do it« sicherlich zu kurz gegriffen. Gerade die Ziele und Visionen – als Ausgangspunkte jedweder Leitbildarbeit – gilt es unter größtmöglicher Beteiligung der Betroffenen zu finden. Damit bin ich bei der Methodenfrage.

Methoden der Leitbildentwicklung: Von persönlichen Visionen zu schulischen Leitideen

Ähnlich wie in der gesamten Schulprogrammentwicklung ist die Steuergruppe auch das zentrale Arbeitsgremium für die Erarbeitung von Leitbildern – eine Tatsache, die auch für die Leitbildformulierung in der Industrie zutrifft (vgl. Belzer 1998[2], S. 33). Die Steuergruppe formuliert Leitbild-Vorschläge, die dem Kollegium vorgelegt werden (dazu weiter unten mehr). Um zu brauchbaren Leitbildideen zu kommen, sollte an den persönlichen, auf die jeweilige Schule bezogenen Visionen der Mitglieder der Steuergruppe angeknüpft werden. Methoden der Visionsentwicklung liegen in großer Zahl im OE-Instrumentenkoffer vor. Aus unserer persönlichen »Tool-Box« können wir die folgenden sieben Methoden empfehlen:

- **»Zurück in eine Vision«** (vgl. Senge u.a. 1996, S. 394f.): Dies ist eine Visionsübung, die sehr gut dazu geeignet ist, Visionen und Normen für ein Arbeitsteam zu entwickeln.
- **»Was wollen wir erschaffen?«** (vgl. a.a.O., S. 391ff.): Hier wird zunächst mittels der Szenario-Technik eine Zukunftsvision entwickelt, die dann an der Realität im Sinne einer Stärken-Schwächen-Bilanz »getestet« wird.
- **»Looking-back-exercise«** (vgl. Strittmatter 1997, S. 102): Bei dieser Übung versetzt sich die Einzelne in das Jahr 2010 und beschreibt dem Reporter der Lokalzeitung, wie ihre Traumschule aussieht und wie der Weg dorthin war (daher auch ein weiterer Name: Interview-Methode). Lässt sich sehr gut als Partnerarbeit mit wechselnden Rollen durchführen.
- **Metaphorische Aktion** – Traumschule: Jeder malt seine Traumschule; auch ein Gruppenbild ist möglich. Wie bei jeder metaphorischen Aktion ist hier die Übersetzungsarbeit wichtig.
- **»Tagtraum«** (vgl. Philipp/Rolff 1999[3], S. 63f.): Hier handelt es sich um eine Art pädagogischen Tagtraums. Während eine anregende CD gespielt wird – beispielsweise ein Mittelsatz der »späten« Klavierkonzerte Mozarts –, wird jeder gebeten, sich seine Traumschule vorzustellen. Danach sollten sich die Einzelpersonen mit ihren Nachbarn, Partnern .. austauschen. Es folgt ein Austausch im Plenum.

- **»Was ist eine gute Schule?«** (vgl. a.a.O., S. 64f.): Mittlerweile existieren verschiedenste Varianten dieser sehr robusten Zielklärungsübung – verschiedentlich auch in zitationsloser Selbstverständlichkeit. »Guter Unterricht«, »Gute Teams«, »Gute Lehrerinnen«, »Gute Schulleitung« u.a.m. lauten die jeweiligen Adaptationen.
- **Zukunftskonferenz** (vgl. a.a.O., S. 65f.): Eine relativ anspruchsvolle, aber auch vielversprechende Möglichkeit, die Leitbildentwicklung methodisch abzusichern, ist sicherlich die von M. Weisbord wesentlich geprägte Zukunftskonferenz.

Mit den beschriebenen Visions-(bzw. Zielklärungs-)Übungen kann der Einstieg in die Leitbildentwicklung sehr gut erfolgen. Wichtig ist es – wie immer – wie es danach weitergeht. Die aus den Visionen entwickelten Leitbildideen der Steuergruppe müssen dem Kollegium vorgelegt und auch mit Mehrheiten »verabschiedet« werden. Für diesen sehr sensiblen Schritt in das Kollegium gilt, dass möglichst viele, auch methodisch intelligente Freiräume geschaffen werden, damit die von der Steuergruppe vorgelegten Leitbildideen von allen übrigen Lehrkräften verändert werden können. Denn: Die echte Beteiligung am Prozess der Leitbild-Entstehung dürfte die wichtigste Voraussetzung dafür sein, sich auch stärker damit zu identifizieren – nach dem Motto der Planungsforschung, wonach die Partizipation an der Planung auch die Identifikation (und damit die »Implementationstreue«) erhöht. Ich werde in den beiden zu schildernden Fallbeispielen zwei erfolgreiche, methodische Varianten dazu vorstellen.

Zuvor möchte ich aber noch die Frage beantworten, was eigentlich ein gutes Leitbild auszeichnet.

Merkmale von Leitbildern

Nach der Durchsicht relativ zahlreicher, schulischer Leitbilder und der wenigen Studien über (insbesondere betriebliche) Leitbilder (vgl. Belzer 1998[2] und Bleicher 1992) schlage ich die folgenden sechs inhaltlichen Merkmale vor, die einen gelungenen und anregenden Leitbildtext auszeichnen sollten:

- **Allgemeingültigkeit:** Leitbilder sollten allgemeingültige Aspekte beschreiben (und mithin keinen Sonderinteressen Ausdruck verleihen).
- **Wahrhaftigkeit:** Im Leitbild darf keine unehrliche »Fassadentheorie« vertreten werden; die Leitbildideen sollten vielmehr wahr und authentisch sein.
- **Stimmigkeit:** Ein überzeugender Leitbildtext ist inhaltlich abgestimmt, mithin konsistent, was im übrigen für das gesamte Schulprogramm zutreffen sollte.
- **Langfristigkeit:** Ein Leitbild bezieht sich nicht nur auf die aktuelle Situation, sondern beschreibt langfristige Entwicklungstrends und längerfristige Umsetzungspläne.

- **Anschaulichkeit und Klarheit:** Am überzeugendsten ist ein Leitbild dann, wenn es pointiert formuliert ist. Das wohl bekannteste und daher häufig zitierte schulische Beispiel dafür dürfte das Leitbild des Durham-School-Districts sein: Academics, Teamwork und Self-Management.[1]
- **Umsetzbarkeit:** Wenn Leitideen durchaus von Visionen ausgehen sollten, darf dies nun aber nicht bedeuten, dass nur »Luftschlösser« errichtet werden. Ein wichtiges Merkmal gelungener Leitbildtexte ist es daher, Wege zur Umsetzung und Ideen zu Handlungskonsequenzen mit zu formulieren.

Neben diesen sechs inhaltlichen Merkmalen gibt es einige eher »formale« Hinweise zur Gliederung und zum Umfang eines Leitbildes: Wir gehen davon aus, dass ein Leitbild aus maximal zehn Leitsätzen bestehen sollte, die jeweils kurz erläutert werden (vgl. Philipp/Rolff 1999³, S. 14f.). Darüber hinaus hat es sich bewährt, dem Leitbild eine Art »Präambel« voranzustellen (vgl. a.a.O., S. 19). In diesem Zusammenhang rät Belzer (1998², S. 23), ein »Kernleitbild« zu formulieren, das in einem »erweiterten Leitbild« konkretisiert bzw. erläutert wird.

Wir möchten nunmehr zwei Fallbeispiele für konkrete Leitbildarbeit vorstellen: Das Fallbeispiel A – eine niedersächsische berufsbildende Schule – akzentuiert stärker den Entstehungsprozess des Leitbildes; dies gilt in besonderer Weise für das methodische Design der Leitbildentwicklungsarbeit der Steuergruppe, die ich beraten habe. Demgegenüber liegt der Darstellungsschwerpunkt in Fallbeispiel B – einem Gymnasium in Hessen – eher auf der inhaltlichen Seite, speziell der Konsistenz von Leitbild und Schulprogramm.

Für beide Fallbeispiele gilt, dass sie hier nicht als systematische Studie beschrieben werden (können). Wir greifen vielmehr nur diejenigen Schulprogrammaktivitäten heraus, die jeweils für die Leitbildentwicklung bedeutsam sind.

Fallbeispiel A:
Das methodische Vorgehen

Der Anlass der südniedersächsischen Berufsschule, sich stärker der Leitbildarbeit zuzuwenden, war eine äußerst umfangreiche Bestandsaufnahme – als Ausgangspunkt der Schulprogrammentwicklung –: Diese Schule bzw. die Steuergruppe hatte die Situationsanalyse auf der Grundlage von vier standardisierten Befragungen bei Lehrpersonen, Schüler/innen, Eltern und Betrieben angelegt! Die Auswertung dieser Befragungen, die nahezu gleichzeitig und ohne externe Beratung durchgeführt wurden, führte der Steuergruppe – neben der Frage der Reihenfolge des jeweiligen Feedbacks – vor Augen, dass Maßstäbe und Kriterien zu fehlen scheinen, um der

1 Nebenbei bemerkt könnten diese drei Leitideen von Ruth Cohns TZI inspiriert sein: den Grundpositionen des »Globe« folgend entspricht Academics dem »Es«, Teamwork dem »Wir« und Self-Management dem »Ich«.

Komplexität der erhobenen Daten Herr zu werden. Diese Situation verdeutlichte der Gruppe die Wichtigkeit von Leitbildideen – im Sinne der oben beschriebenen »Reflexionsfunktion«, die eine schulinterne Prioritätensetzung erlaubt. Darüber hinaus entschied sich die Steuergruppe dafür, sich fortan von einem externen Trainer coachen zu lassen.

Im Kern dieses Coaching stand – neben anderen Beratungsleistungen – die Moderation der Leitbildarbeit.

Das Beratungsdesign der Kernaktivitäten zur Leitbildentwicklung

Als Einstieg in die Leitbildentwicklung wurde Anfang Januar 2001 eine ganztägige Steuergruppensitzung anberaumt, deren Ziel es war, einen Leitbildvorschlag zu erarbeiten. Für diesen Tag hatte ich das folgende »Mikro-Design« entwickelt, das im wesentlichen auch so realisiert wurde:

9. Januar 2001 – Mikro-Design der STG-Sitzung:

1. Erarbeitung persönlicher Visionen mit Schulbezug – Partnerarbeit mit der Übung »Looking-back-exercise« (Interview-Methode)
2. Bildung von vier Gruppen à vier Personen: Zusammenführung der persönlichen Visionen zu einer schulbezogenen Gruppenvision mit der Methode »place-mat« (Schreibgitter)
3. Präsentation der vier Gruppenvorschläge zu dem Leitbild/Diskussion
4. Erarbeitung von schulinternen Kriterien/Merkmalen, die das Leitbild erfüllen sollte
5. Diskussion des weiteren Vorgehens

Insgesamt wurden an diesem intensiven Tag zwölf Leitbildideen (pro Gruppe drei als Vorgabe) formuliert. Bevor das weitere Procedere besprochen wurde, einigte sich die Steuergruppe auf die folgenden sieben Merkmale, die das Leitbild erfüllen sollte:

Das Leitbild sollte ...

- eindeutig und gut verständlich
- ohne zahlreiche Fremdwörter
- für alle Beteiligten ansprechend
- vorerst nicht werbewirksam, sondern für den hausinternen Gebrauch
- nicht dem Zeitgeist unterworfen
- politisch neutral
- adressatengerecht

formuliert sein!

Zum weiteren Vorgehen wurde beschlossen, in der nächsten STG-Sitzung die vorliegenden zwölf Ideen zu reduzieren und einen Redaktionsausschuss zu bilden, der die dann vorliegenden Kernideen mit Erläuterungen und Konkretisierungen versehen sollte – unter Berücksichtigung der sieben diskutierten Merkmale. Ende Januar einigte sich die Gruppe auf drei Kernideen, die auch von dem Redaktionsausschuss überarbeitet wurden unter der für die Erläuterungen wichtigen Fragestellung »Was bedeutet dies für unser Handeln?«

In den STG-Besprechungen im Februar und März wurden sodann mehrere Entwürfe des Redaktionsteams diskutiert – bis schließlich eine vorläufige Endfassung formuliert werden konnte. Diese Fassung wurde allen Lehrer/innen in die Fächer gelegt, verbunden mit der Bitte, Veränderungsvorschläge in der nächsten Gesamtkonferenz Ende April 2001 einzubringen. Auf dieser Konferenz kamen dann einige wenige Veränderungsideen, die abschließend von der STG eingearbeitet wurden. Dieses Kernleitbild sah schließlich so aus:

Leitbild BBS Fallbeispiel A:

1. **Wir schaffen ein breites Bildungsangebot für unsere Region**

   - Berufliche Inhalte stehen – neben der Förderung der Allgemeinbildung – im Mittelpunkt des Lernprozesses;
   - Wahlmöglichkeiten durch verschiedene Schulformen;
   - ständige Überarbeitung und Aktualisierung unserer Bildungsangebote;
   - aufeinander aufbauende Bildungsangebote ermöglichen höhere Schulabschlüsse;
   - gute Ausstattung mit Lehrmitteln und modernen Medien

   ➜ berufliches Kompetenzzentrum für die Menschen in unserer Region.

2. **Wir fördern die berufliche und persönliche Entwicklung in Verantwortung und gegenseitiger Achtung**

   - Schülerinnen und Schüler stehen im Mittelpunkt unseres Bildungs- und Erziehungsauftrages;
   - Lehrerinnen und Lehrer nehmen am Weiterentwicklungsprozess teil;
   - Schülerinnen und Schüler sollen lernen, Lebenssituationen zu bewältigen;
   - Übernahme von Eigenverantwortung in verschiedenen Lebensbereichen;
   - Lernen findet in einer Atmosphäre der gegenseitigen Achtung und Toleranz statt

   ➜ soziale Integration in unserer Schule lässt gelebte Menschenwürde erfahren.

3. **Wir sind eine lernende Schule**

   - Neues wird registriert, reflektiert und schulisch umgesetzt;
   - Unterricht findet im Sinne des ganzheitlichen Lernens statt;
   - hoher Anteil von Praxisbezug und Projektarbeit im Unterricht;

- die Methodenkompetenz unserer Lehrkräfte wird durch Fortbildungen erweitert;
- Lernen ist ein lebenslanger Prozess;
- Qualitätsmanagement durch Selbstreflexion und ständige Verbesserung;
- Teambildung stärkt das Miteinander unter den Lehrenden;

➜ Schule als lernendes System, das seinen Grundwerten – Bildung, Humanität, Toleranz und Menschenwürde – treu bleibt.

Fallbeispiel B:
Leitbild als Ausgangspunkt für Evaluation und Qualitätsentwicklung

Das südhessische Gymnasium steht dafür, dass aus den – wiederum – drei Leitbildideen alle weiteren Schulprogrammmerkmale abgeleitet wurden. Hier liegt ein deduktives Modell vor, in dem aus dem Leitbild sehr konsequent die Schwerpunkte des Schulprogramms bis hin zur Evaluation entwickelt wurden. Dazu gebe ich – aus Platzgründen – zwei Ausschnitte wider:

1. **Leitlinie**
   Wir sind eine Schule, in der Leistung und Leistungsbereitschaft geweckt, gepflegt und gefördert werden und in der das eigenverantwortliche Lernen auf hohem fachlichem Niveau gestärkt wird.

1. Differenzierungspunkt
Individuelle Voraussetzungen werden von uns bedacht.

1. Beispiel:
Wir haben Programme/Projekte, um Probleme beim Übergang von der Grundschule auf unser Gymnasium zu bewältigen, entwickeln diese weiter und ergänzen sie.

1. Ordnungskriterium
Informationsfluss zwischen Grundschule und Gymnasium.

Evaluierbarkeit
1. Beauftragung eines Kollegen/in mit der Wahrnehmung dieses speziellen Aufgabenbereichs.
2. Es liegt ein Anforderungsprofil vor, das die wesentlichen Fähigkeiten, Fertigkeiten und Kenntnisse für Schüler/innen der Klasse b beschreibt.
3. Teilnahme von Kolleg/innen an Veranstaltungen der Grundschulen.

2. **Leitlinie**
   Wir sind eine Schule, in der sich alle auf der Grundlage von Selbstverantwortung und gegenseitiger Achtung begegnen und unterstützen. Wir schaffen Raum für die Entfaltung der Persönlichkeit.

1. *Differenzierungspunkt*
   Wir bieten den Schüler/innen auch jenseits von Unterricht und Lernen Beratung und Hilfe an.

1. *Beispiel*
   Sucht- und Drogen- und Gewaltprävention.

1. *Ordnungskriterium*
   Es gibt Beratungsangebote.

Evaluierbarkeit:

- Es gibt einen Beratungslehrer/eine Beratungslehrerin.
- Es gibt Elternbeiratssitzungen zu diesem Thema.
- Es gibt Elternabende zu diesem Thema.
- Es gibt einen Schüler/innen-Arbeitskreis.

Diese knappen Ausschnitte sollten illustrieren, dass es dieser Schule gelungen ist, das wichtige Leitbild-Merkmal »Stimmigkeit« und damit innere Konsistenz zu realisieren.

Neben diesen inhaltlichen Gesichtspunkten hat die Steuergruppe dieser Schule eine interessante (und erfolgreiche) methodische Variante praktiziert, um den STG-Entwurf der drei »Leitlinien« in das Kollegium zu transportieren: Sie haben sich der von uns beschriebenen Methode des »Schreib-Schneeballs« bedient. Dies geschah an einem pädagogischen Nachmittag in zwei Durchgängen: Erstens wurde der Kerntext in (zufällig zusammengesetzten) Quartetten ergänzt etc.; und zweitens wurden dann Oktette gebildet, indem sich jeweils zwei Quartette zusammentaten und die Textvorlagen verdichteten. Die Textvorschläge von dann insgesamt fünf Oktetten wurden – nach der Präsentation im Plenum – von der Steuergruppe in einem abschließenden Leitbildtext formuliert und dem übrigen Kollegium noch einmal vorgelegt. Ein sehr transparentes und partizipatives Vorgehen!

Literatur

Bastian, J./Rolff, H.-G.: Vorab- oder Abschlussevaluation des Projektes »Schule und Co.«. Gütersloh (Bertelsmann-Stiftung) 2002.
Belzer, V. (Hrsg.): Sinn in Organisationen? Oder: Warum haben moderne Organisationen Leitbilder? München 19982.
Bleicher, K.: Leitbilder. Orientierungsrahmen für eine integrative Management-Philosophie. Stuttgart/Zürich 1992.
Buhren, C./Rolff, H.-G.: Personalentwicklung in Schulen. Weinheim 2002.
Burkard, Ch.: Inhalte – Schwerpunkte und Funktionen der Schulprogramme. In: MSWF/LSW: Schulprogrammarbeit in Nordrhein-Westfalen. Eine Zwischenbilanz. Soest 2001.
Hameyer, U. u.a.: Schulprogramme. Portraits ihrer Entwicklung. Kronshagen 2000.
Holtappels, H.G. u.a.: Schulprogramm als Instrument der Schulentwicklung. In: Die Deutsche Schule. Heft 2/2002.
Horster, L./Rolff, H.-G.: Unterrichtsentwicklung. Weinheim 2001.
Journal Schulentwicklung 3 (2002) 6 /Thema: Schulprogramm).
Ministerium für Schule NRW (Hrsg.): Schulprogrammarbeit in NRW. Bönen (Kettler) 2002.
Risse, E. (Hrsg.): Schulprogramm. Entwicklung und Evaluation. Neuweid (Luchterhand) 1998.
Rolff, H.-G. u.a. (Hrsg.): Jahrbuch der Schulentwicklung, Bd. 12. Weinheim (Juventa) 2002 (darin ein Schwerpunkt Schulprogramm)
Schratz, M.: Qualität sichern: Programme entwickeln. Seelze (Kallmeyer) 2003.
Senge, P. u.a.: Das Fieldbook zur fünften Disziplin. Stuttgart 1996.
Strittmatter, A.: An gemeinsamen Leitideen arbeiten. In: Journal für Schulentwicklung, H. 2/1997.

Teil V: Kommentierte Literaturhinweise

Immer wieder werden wir darauf angesprochen, welche wirklich lesenswerten Buchtitel zur Schulentwicklung wir empfehlen können. Da auch in diesem Fachgebiet die Zahl der neuen Veröffentlichungen rasant steigt, halten wir diese Frage für überaus berechtigt. Wir hoffen, mit diesem kommentierten Überblick über die aus unserer Sicht unabdingbaren Titel eine nützliche Orientierungshilfe zu geben.

Altrichter, Herbert/Posch, Peter (Hrsg.): Mikropolitik der Schulentwicklung. Förderliche und hemmende Bedingungen in der Schule. Studien Verlag, Innsbruck/ Wien 1996. In Überblicksaufsätzen und Fallstudienberichten werden in diesem Band die mikropolitischen »Spiele« in der Organisation Schule beschrieben.

Altrichter, Herbert/Posch, Peter: Möglichkeiten und Grenzen der Qualitätsevaluation und Qualitätsentwicklung im Schulwesen. Studien Verlag, Innsbruck/Wien 1997. Dass sich Schulen der Frage nach der Qualität ihrer Arbeit stellen müssen, ist spätestens seit der Diskussion über die Timss-Studie deutlich geworden. In diesem materialreichen Buch wird sehr kenntnisreich der gesamteuropäische »state-of-the-art« der schulbezogenen Qualitätsdiskussion referiert. Wer sich seriös an dieser Debatte beteiligen möchte, dürfte nicht an der 150-seitigen Einführung in das Thema von Altrichter und Posch vorbeikommen, in der sie auch Vorschläge zur Qualitätsverbesserung unterbreiten.

Altrichter, Herbert/Schley, Wilfried/Schratz, Michael (Hrsg.): Handbuch der Schulentwicklung. Studien Verlag, Innsbruck/Wien 1998. Hiermit liegt das erste Handbuch vor, in dem die zentralen Themen der Schulentwicklung von renommierten Autoren beschrieben werden. Neben fundierten Basisartikeln finden sich in einem eher »anwendungsorientierten« zweiten Teil Aufsätze mit Beispielmethoden u.a. zu Fragen von Interventionsstrategien, Rolle von Steuergruppen oder der Diagnose im Rahmen der Schulentwicklung.

Belzer, Volker (Hrsg.): Sinn in Organisationen? Oder: Warum haben moderne Organisationen Leitbilder? Hampp, München 1995. Die Ausgangsfrage wird in diesem schmalen, kompakten Band in einem sehr guten Überblick (Belzer) und Einzelartikeln aus unterschiedlichen Blickwinkeln beantwortet: Beispiele aus dem Kreditgewerbe, der öffentlichen Verwaltung, einem großen Braukonzern zeigen sehr plastisch, wie Prozesse der Leitbildentwicklung aussehen können. Voraussetzung für diese spannenden Prozesse ist allerdings, dass Einrichtungen eines der übergeordneten Ziele der Leitbildentwicklung teilen: »Von der Fremdführung zur Selbstführung« – wie es in einem Beitrag formuliert wird.

Buchen, Herbert/Horster, Leo/Rolff, Hans-Günter (Hrsg.): Schulleitung und Schulentwicklung. Raabe, Berlin 1995ff. Seit 1995 gibt es diese »Loseblattsammlung«, in der vierteljährlich neue, interessante Beiträge zu den Schlüsselthemen der Schulleitung und Schulentwicklung erscheinen. Es erscheinen Aufsätze von kompetenten »Beiträgern« aus der Schulpraxis und Bezugswissenschaft. Die Themenpalette – von den Herausgebern in zehn Bereiche untergliedert – reicht von den Managementaufgaben der Schulleitung über Fragen der Qualitätssicherung bis hin zu schulrechtlichen Gesichtspunkten. Schulprogrammarbeit ist ein Schwerpunkt.

Dalin, Per/Rolff, Hans-Günter/Buchen, Herbert: Institutionelles Schulentwicklungsprogramm. Ein Handbuch. Kettler, Bönen 1995. Dieser unter dem Kürzel ISP weithin rezipierte Ansatz der Schulentwicklung wird in einem mehrstufigen Phasenmodell beschrieben. Zu jeder Phase des ISP werden sowohl Hintergrundinformationen als auch methodische und andere Hinweise gegeben. Themen u.a.: Kontrakt, Rolle der Entwicklungsgruppe, Diagnoseinstrumente, Projektmanagement.

Doppler, Klaus/Lauterburg, Christoph: Change Management. Den Unternehmenswandel gestalten. Campus, Frankfurt/New York 1994. Für die Empfehlung dieses Buches bekommen wir häufig sozusagen unverdientes Feedback: Nämlich von den Personen, die es sich angeschafft haben und dies nicht bereuen. Es beschreibt in einer einfachen Sprache die Managementaufgaben der Zukunft sowohl für den Profit- als auch Non-Profit-Bereich. Fast wichtiger sind die praktischen Hinweise, die einen »Blick in die Werkstatt« geben. Hier finden sich auch in der Schulentwicklun einsetzbare Checklisten und andere Arbeitshilfen zu den »Schlüsselthemen« (u.a.): Organisationsdiagnose, Führen durch Zielvereinbarungen, Feedback, Organisation von Workshops, Umgang mit Widerstand und Coaching.

Fatzer, Gerhard (Hrsg.): Organisationsentwicklung und Supervision: Erfolgsfaktoren bei Veränderungsprozessen. Edition Humanistische Psychologie, Köln 1996. Dieser Band versucht in vielen Einzelbeiträgen den gegenwärtigen Stand der Organisationsentwicklung insbesondere im Non-Profit-Bereich (Schule, Gesundheitswesen) zu skizzieren. Obwohl der Titel insofern irreführend ist als nur in drei Beiträgen (von über 20) über Erfolgsfaktoren nachgedacht wird, lohnt er sich dennoch: Erstens dank der (allerdings mäßigen) Übersetzungen von neuen Aufsätzen aus dem Umfeld von C. Argyris und P. Senge. Und aufgrund der abschließenden Überlegungen zur Professionalisierung von Beratern.

Hameyer, Uwe/Fleischer-Bickmann, Wolf/Reimers, Heiko (Hrsg.): Schulprogramme. Portraits ihrer Entwicklung. Körner, Kronshagen 2000. In 23 Beiträgen werden – wie der Titel schon avisiert – schwerpunktmäßig konkrete Schulprogrammbeispiele geschildert. Darüber hinaus werden wichtige Querschnittsfragen der Schulprogrammentwicklung wie beispielsweise Qualitätsentwicklung und Evaluation behandelt. Der Band wird abgeschlossen mit Beiträgen zur Schulforschung und Supervision sowie einem Überblick zur Schulprogrammarbeit in den Niederlanden, Österreich und der Schweiz.

Journal für Schulentwicklung, Heft 3/2002, Themenschwerpunkt: Schulprogramme: Praxis-Forschung-Implementation. Den Stand der Schulprogrammarbeit in den deutschsprachigen Ländern gibt dieses Heft wieder: Neben Inhaltsanalysen (am Beispiel Hamburgs) wird die Schulprogrammarbeit Bayerns, Lichtensteins, Österreichs und der Schweiz in Fallstudien beschrieben. Darüber hinaus wird die Leitbildentwicklung sowohl methodisch (»Open Space«) als auch inhaltlich skizziert.

König, Eckard/Volmer, Gerda: Systemische Organisationsberatung. Grundlagen und Methoden. Deutscher Studien Verlag, Weinheim 1993. Dass »systemisch« ein ausgesprochenes Modeadjektiv ist, dürfte sich – spätestens seit der Rezeption der Bücher von P. Senge – herumgesprochen haben. Dieses Lehrbuch von König und Volmer ist nun alles andere als modisch: Es beschreibt – wie der Titel richtig ankündigt – die theoretischen Grundlagen der systemischen Beratung (Herkunft, Phasenmodelle, Unterschied: Experten – Prozessberatung) und das methodische Vorgehen. Viele Abbildungen, Schaubilder, Checklisten für Fragetechniken u.a.m. machen es auch für Schulentwickler/innen zu einer Fundgrube.

Landesinstitut für Schule und Weiterbildung (Hrsg.): Evaluation und Schulentwicklung. Kettler, Bönen 1995. In diesem Sammelband wird der gesamte Bereich schulischer Evaluation »abgegriffen«: Evaluation und die Rolle der Schulaufsicht, Evaluation mittels von Schulberatungsbesuchen, Unterrichtsevaluation – um nur einige Themen zu nennen. Die praktischen Fallbeispiele aus unterschiedlichen Schulformen können Schulen Mut machen, sich auch an diesen schwierigen und hochsensiblen Schritt der Schulentwicklung zu wagen.

Ministerium für Schule, Wissenschaft und Forschung/Landesinstitut für Schule und Weiterbildung: Schulprogrammarbeit in Nordrhein-Westfalen. Ergebnisse der wissenschaftlichen Evaluationsstudien. Kettler, Bönen 2002. Hiermit liegt die erste größere empirische Arbeit vor: In fünf Beiträgen werden die nordrhein-westfälischen Erfahrungen der landesweit verbindlichen Schulprogrammarbeit resümiert. Eine Inhaltsanalyse beschreibt die Schwerpunkte der vorgelegten Schulprogramme. Lehrer/innen wurden zudem über den wahrgenommenen »Nutzen« von Schulprogrammentwicklung befragt. Interessant auch die qualitative Studie über die – als erste, vorsichtige Evaluation – stattgefundenen Dialoggespräche zwischen Schulaufsicht und Schulen.

Neuberger, Oswald: Personalentwicklung. Enke, Stuttgart 1991. Dies ist ein weiteres sehr materialreiches Lehrbuch über alle Facetten der Personalentwicklung (PE). Auf 340 eng beschriebenen Seiten werden neben grundlegenden Gedanken auch viele Instrumente und Methoden zur PE weitergegeben. Neuere Ansätze wie Qualitätszirkel werden ebenso beschrieben wie der Zusammenhang von PE und Organisationsentwicklung. Trotz des Lehrbuchcharakters ist Neubergers Stil persönlich, sein Ansatz kritisch. Etwa wenn er gegen die Annahme argumentiert, der Mensch stehe in der Wirtschaft im Mittelpunkt: »Der Mensch ist Mittel. Punkt«.

Philipp, Elmar: Gute Schule verwirklichen. Ein Arbeitsbuch mit Methoden, Übungen und Beispielen der Organisationsentwicklung. Beltz, Weinheim und Basel 1992. Diese Veröffentlichung entstammt einem Modellvorhaben, in dem die Schulprogrammatik von Grundschulen in Nordrhein-Westfalen mit Konzepten der Organisationsentwicklung begleitet wurde. Mit zahlreichen praktischen Beispielen und methodischen Hinweisen liest sie sich wie eine Einführung in die Schul- und Organisationsentwicklung.

Philipp, Elmar: Teamentwicklung in der Schule. Konzepte und Methoden. Beltz, Weinheim und Basel 1996. Da gerade für den schulischen Bereich – Lehren als einsame Tätigkeit – Organisationsentwicklung als Teamentwicklung verstanden werden sollte, müssen Schulen auch entsprechendes Know-how kennen, um die eigene Kooperationspraxis verbessern zu können. Hier setzt dieses Buch an, indem es einerseits zeigt, dass das »gute« Team alles andere als ein Selbstläufer ist. Auf der anderen Seite es aber sehr viele Methoden und praktische Hinweise dafür gibt, wie bessere Teamfähigkeit hergestellt werden kann.

Risse, Erika (Hrsg.): Schulprogramm-Entwicklung und Evaluation. Luchterhand, Neuwied 1998. E. Risse versammelt in diesem Reader Beiträge zu den sechs Themengebieten: »Freiheit und Verantwortung: Schulen entwickeln sich«; »Auf dem Weg zum Schulprogramm«; »Die Beteiligten«; »Wirksamkeit von Schulprogrammen«; »Qualitätsindikatoren« und »Schulpraxis auf dem Weg zum Schulprogramm«. Namhafte Autorinnen und Autoren bürgen in ca. 20 Artikeln für Qualität, Praxisnähe und angewandte Forschung.
Rolff, Hans-Günter u.a.: Manual Schulentwicklung. Beltz, Weinheim und Basel 1998. Hiermit wird ein umfassendes Handlungskonzept zur pädagogischen Schulentwicklungsberatung (SchuB)vorgelegt. Es entstammt konkreter Schulberatung und mehreren Ausbildungslehrgängen für SchuB-Moderatorinnen und -moderatoren. Die Schlüsselfragen der Schulentwicklung werden sehr materialreich (mit Kopiervorlagen) behandelt (u.a.): Arbeit mit Steuergruppen, Ziele klären, mit Konflikten umgehen, Evaluieren und Supervisieren. Es dürfte das Standardbuch für Schulentwickler/innen werden.

Rolff, Hans-Günter: Wandel durch Selbstorganisation. Theoretische Grundlagen und praktische Hinweise für eine bessere Schule. Juventa, Weinheim/München 1993. Dies ist ein Grundlagenwerk der Schul- und Organisationsentwicklung, in dem – neben den praktischen Hinweisen – die theoretischen Quellen, Ansätze und das Menschenbild der Organisationsentwicklung (OE) dargestellt werden. U.a. wird das im Schulfeld häufig anzutreffende Vorurteil widerlegt, die OE stamme aus der Wirtschaft (und sei daher für Schulen nicht anwendbar). In der »Zwei-Quellen-Theorie« wird fundiert gezeigt, dass die OE sehr wohl auch eine pädagogische Wurzel hat.

Schratz, Michael: Qualität sichern – Programme entwickeln. Kallmeyer, Velber 2004. Dies ist eine materialreiche, aufgeschriebene und illustrierte Veröffentlichung zur Bedeutung des Schulprogramms für Qualitätsentwicklung. Es enthält im Anhang eine Fülle erprobter und vielfältig einsetzbarer »Werkzeuge zur Schulentwicklung«. Bemerkenswert sind auch die überwiegend dargelegten »Standards zur Überprüfung der Qualität von Schulprogrammen«.

Schulz von Thun, Friedemann: Miteinander reden. 2 Bde. Rowohlt, Reinbek 1981. Auch wenn viele unserer Leser/innen diese beiden Taschenbücher kennen, geben wir sie hier an: Sie sind sehr gut lesbar, gespickt mit schulischen Beispielen. Aus unserer Sicht sollten die Modelle von Schulz von Thun (Nachrichtenquadrat, Wertequadrat u.a.m.) zur kommunikationspsychologischen Grundausstattung jeder Lehrkraft und – damit letztlich – auch jedes Schulentwicklers und jeder Schulentwicklerin (Schulleitungen eingeschlossen) gehören! Schließlich ist gelungene Kommunikation (wie sie Schulz von Thun beschreibt) auch die Voraussetzung gelungener Schulentwicklung.

Senge, Peter: Die fünfte Disziplin. Kunst und Praxis der lernenden Organisation. Klett-Cotta, Stuttgart 1996. Nicht umsonst hat dieses Buch in den letzten zwei Jahren Furore gemacht: Senge beschreibt einen umfassenden, systemischen Ansatz der lernenden Organisation, der sehr gut auf Schulen übertragbar ist. Die fünf Disziplinen sind im Einzelnen: Teamlernen, Selbstmanagement (»Personal mastery«), Gemeinsame Visionen, Mentale Modelle und sozusagen als Klammer Systemdenken. Ein Muss für alle Menschen, die sich mit Schulen als lernenden Organisationen beschäftigen.

Strittmatter, Anton: An gemeinsamen Leitideen arbeiten. Palm, Sempach o.J. Hier handelt es sich zwar nur um eine kleine Broschüre. Sie beschreibt aber sehr detailliert den konkreten Ablauf der Leitbildentwicklung.

Journal Schulentwicklung. Studien Verlag, Innsbruck/Wien 1997ff. Diese Zeitschrift für die deutschsprachigen Länder schließt – endlich – die Marktlücke zwischen den (allgemein-)pädagogischen Fachblättern für Lehrpersonen und denjenigen, die sich eher an Schulleiter/innen wenden. Ihre Zielgruppe sind alle an Schulentwicklung beteiligten Gruppen: Engagierte Lehrer/innen, Schulleitungsmitglieder, Schulaufsicht, Lehrerfortbildner/innen und die Bezugswissenschaften. Die ersten Nummern (Themenhefte zum Einstieg zum Schulprogramm und zur Schulleitung) sind sehr gut gemacht: Grundlagenartikel wechseln sich mit kurzen Fallberichten ab; Literatur- und Veranstaltungshinweise runden das Ganze ab.

Video: Die stille Revolution. Bertelsmann-Stiftung, Gütersloh 1996. Dieser Film des bekannten Bildungsjournalisten und Filmemachers R. Kahl ist eine hervorragende, motivierende Einführung in Fragen der Schulentwicklung. Dargestellt werden Schulen im Durham Board of Education in Kanada, Preisträger des Carl-Bertelsmann-Preis von 1996. Sehr plastisch wird gezeigt, was es bedeutet, wenn Schulen sich zu lernenden Organisationen wandeln. Eines der Motti dazu lautet: »Problems are our friends«.